U0903182

CORPORATE CULTURES

管理无形

企业文化生命力与无形管理

陈孟强◎著

民主与建设出版社
·北京·

图书在版编目(CIP)数据

管理无形 / 陈孟强著 . -- 北京 : 民主与建设出版社, 2019.7

ISBN 978-7-5139-2226-5

Ⅰ. ①管… Ⅱ. ①陈… Ⅲ. ①企业管理－研究 Ⅳ. ①F272

中国版本图书馆 CIP 数据核字（2019）第 175055 号

管理无形
GUANLI WUXING

出 版 人	李声笑
著　　者	陈孟强
责任编辑	周佩芳
封面设计	回归线视觉传达
出版发行	民主与建设出版社有限责任公司
电　　话	（010）59417747　59419778
社　　址	北京市海淀区西三环中路10号望海楼E座7层
邮　　编	100142
印　　刷	三河市长城印刷有限公司
版　　次	2019年10月第1版
印　　次	2019年10月第1次印刷
开　　本	710mm × 1000mm　1/16
印　　张	11.5
字　　数	180千字
书　　号	ISBN 978-7-5139-2226-5
定　　价	48.00元

注：如有印、装质量问题，请与出版社联系。

前言

自古以来，文化就对人们的生活和工作产生着重要影响。人们的衣、食、住、行等，都可以从“文化”的角度找到定义和解释。衣，有服饰文化；食，有美食文化；住，有建筑文化；行，有旅游文化……企业管理同样也被“文化”渗透与影响。

企业文化是一种软管理，存在于员工的无意识行动中，是企业经过一段时间的发展，形成的共同理想、基本价值观、生活作风、行为习惯和日常规范，是企业在管理过程中创造的精神财富，其存在不以人的意志为转移，与企业的生存和发展密切相关。

在企业文化的指引下，人们就会规范自己的行为，就会产生一种精神力量，就会给人以号召力和凝聚力，全员上下就能按照企业文化的要求规范自己的行为。企业文化能彰显企业特色、塑造企业形象，为企业的长远发展奠定基础。

企业从诞生的那一刻开始，就存在企业文化，不论管理者有没有意识到、员工有没有感受到、企业有没有进行相应的宣传动员。新经济时代，单纯依靠计划、组织、控制等手段，根本就无法让企业在激烈的市场竞争中占有优势地位，需要充分发挥企业文化的巨大作用，把员工的兴趣、目的、需要和行为统一在一起，让企业充满活力。

为了帮助企业老板和管理者解答企业文化的困惑，我们特意编写了这本书。本书从企业文化管理和制度入手，分析了企业文化对企业的无形影响力，以及企业文化的内容、功能、建设原则及实操方法；介绍了企业战略文化管理、企业人本文化管理、企业共同愿景管理、企业制度文化管理、企业团队文化管理、企业创新文化管理、企业文化管理的误区等，案例典型，分析简明，方法操作性强，是企业进行文化建设的重要参考。

目录

第三章
企业文化的内容、功能、建设原则及实操方法

第四章
企业战略文化管理

第五章
企业人本文化管理

第六章
企业共同愿景管理

第七章
企业制度文化管理

第八章
企业团队文化管理

第九章
企业创新文化管理

第十章
避开企业文化管理六大误区

第一章
企业文化管理与管理制度

什么是企业文化？什么是管理制度

一、什么是企业文化

1. 企业文化的定义

文化，是人们的群体意识形态的集中表现，具备阶段性的特点，会长期变化发展。文化和人类社会一起出现，贯穿人类社会发展的全部历程。文化只有适应和不适应的区别，没有先进和落后之别。文化不同于文明：首先，文明是人类社会进步的产物，每阶段的文明都代表了当时的进步；文明无法将文化的特性掩藏。其次，文化是个货真价实的中性物，文化则包含了文明，人类的文化史也远长于文明史。

企业，是若干人为了一定的目标建立起来的经营性组织，自负盈亏。企业生存的直接目的是获取利润，为了达到这一目的，企业就要建立一定的组织结构和运作方式（包括生产、营销和服务等）。而这些的实现都离不开人。

企业文化作为一种无形资产，由员工创造、遵守和维护，规范着企业的经营，引导着员工的行为，主要由三部分组成：企业精神、企业作风和企业风格。

企业精神是企业文化的核心，在整个企业文化中占据支配地位，是企业根据自身的性质、任务、宗旨、时代要求和发展方向，精心培育而成的群体的精神风貌，可以激发出员工的积极性，增强团队活力。比如，万科的企业精神是“艰苦创业，无私奉献，努力拼搏，开拓进取”。

企业作风是企业在长期的生产经营活动中形成的一种风气。优秀的企业作风，不仅能协调团队行为，建立科学的企业运行次序；还能提升员工的工作境界，提高工作效率，实现最佳的经济效益。比如，四川宏达集团的企业作风是“四到位”：做人做到位、做事做到位、说话说到位、管理管到位。

企业风格是企业在发展过程中形成的，是企业性格和思想特点的一种外在表现形态。比如，海尔的企业风格是：快速反映，立刻行动，真诚对待用户，赢得用户信任。

企业文化源于美国，发展于日本，之后又在美国等西方国家得到进一步发展，如今被广泛运用于全世界。对于企业来说，文化管理是最高级的管理，因此企业文化的本质是管理。

2. 企业文化的特点

优秀的企业文化是企业的灵魂，更是企业发展的源源动力，主要具有以下几个特点，如下表所示。

特点	说明
特异性	即多样性。企业文化产生的土壤是本企业的人和内外环境，不同的企业，二者都不相同，因此在这个世界上，任何企业的企业文化都不是完全相同的。
传播性	即感染性。企业文化可以在内部员工之间不断传播，而外部却无法将其全部内容复制出来。其核心内容是一个公司的特产，但可以模仿创新。
排他性	即强迫性。一旦员工融入团队集体，就不得不接受它的文化，而放弃其他企业文化；同样，在不知不觉中，员工也会适应本企业的企业文化。从整体上来说，一家企业文化是排斥其他企业文化的。
发展性	任何企业文化都不是一成不变的，随着企业的不断发展，企业文化也会处于不断的完善中。只不过其核心文化可以维持比较长的一段时间。
人文性	企业文化是人性的体现。在充满个性的经济时代，企业文化体现的是公司集体的个性而不是某个人的个性。

3. 企业文化的管理

企业文化管理是一种先进的管理方式，只有融入管理，才能真正落到实处；只要根据企业的实际情况设置相应的组织架构，制定相应的管理制度，就能在管理者的带领下将文化真正融入到企业。

企业文化管理是一项长久的战略性计划，借助先进的技术软件，更便于管理的顺利进行。为了提高企业文化的管理效率，可以采用的方法有：对员工进行线上培训，让员工了解企业文化；设立文化移动平台，对企业文化进行展示等。事实证明，建立开阔的文化活动平台、给员工足够的人文关怀，让员工多多实践企业文化，不仅可以营造良好的企业沟通氛围，还能建立更加开放友好的企业文化。

二、什么是管理制度

“企业管理制度”是企业组织制度和企业管理制度的总称，规范了企业的管理活动，包括企业组织机构设计、专业管理制度等。

企业管理制度是实现企业目标的有力措施和手段，是员工行为规范的模式，能让员工的活动合理进行，还是维护员工共同利益的一种强制手段。因此，管理制度是企业进行正常经营管理所必需的，是一种强有力的保证。

优秀企业文化的管理制度是科学、完整、实用的管理方式的体现。企业无论大或小，都会制定很多管理制度，但公司管理制度的建立，企业应该注意以下四点。

1. 成立一定的组织机构

在没有建立制度之前，先要成立相应的制度制定机构，让相关部门人员参与其中；此外，组织机构要明确职责，比如，哪些人员负责制度编制，哪些人负责审核，哪些人负责提供素材等，所有的这些内容都要明确；

初步制度制定后，经过组织机构开会审核，进行修改，形成最终意见，之后下发。

2. 向企业上下征集意见

制度初步修订完成后，下发到基层部门，经过员工充分讨论，结合员工的工作实际情况，再次收集意见，如此才能让制度具有可实施性，制度才能落地生根，否则最终实施就会遇到很多问题，不利于管理工作的开展和落实。

3. 妥善进行制度的试行

完善制度后，要在制度的封皮上注明“试行版”。各项制度在执行的过程中，必然会遇到各种各样的问题，需要各部门协调沟通；同时，随着市场的不断变化，公司规模的扩增，必须对制度进行调整和完善，才能适应公司的管理工作。

4. 修订制度不完善的地方

完善的管理制度通常都要经过成百上千次的修改和完善才能形成。成本、人事等问题会影响制度的实施，有些制度虽然已经建立，但不具备可执行性，因此需要定期对制度进行修订，不断细化和改进，直至达到管理规范的程度。

企业文化与管理制度的关系

文化与制度之间是一种蕴含与互动的关系，文化中包含着制度，制度中也体现着文化。没有文化的制度与没有制度的文化，都无法想象。

文化理念形成管理制度。文化理念是管理制度形成和创新的依据；而管理制度又反映了文化理念的要求；管理制度会强化文化理念。管理制度是文化理念的产物和载体，可以强化文化理念特别是新文化理念的巩固与发展。

通常人们都是在一定的价值观指导下去完善和改革企业的各项管理制度。企业的组织结构和管理制度，若不与企业的发展战略目标相适应，企业战略目标就无法实现。建立了企业制度，又会影响人们对新价值理念的选择，成为新文化理念的基础。

企业的很多问题都源于企业文化与管理制度的脱节。只要管理制度与文化理念不匹配，企业就会陷入“知行不一”的病态文化里，阳奉阴违、溜须拍马就会成为员工的常态。

企业文化是一种被内部员工共同认可了的价值观，属于精神层面的范畴，是柔性的；而制度则属于实施层面的东西，具有较强的强制性和刚性。精神层面的东西需要制度性的东西来支撑，同样实施层面的东西也需要精神层面的东西来指导。

1. 企业文化指导管理制度的制定

企业文化有一个重要特征，就是相对的稳定性和连续性；而企业制度尤其是具体的规章制度的稳定性不如企业文化。在经济新常态下，企业面临着生产经营的巨大压力，为了达到自己的发展目标，就要不断地跟随市场变化来调整经营策略或组织结构。

为了不让制度的调整在企业内部产生管理混乱，企业文化形成后，就要为企业制定规章制度提供遵循依据和指导。比如，企业的管理理念是“人才为本、制度为纲、关注细节、强化执行”，在制定具体的管理制度时就要循序这一理念。

2. 制度建设让企业文化成为制度

管理制度是企业进行科学管理的前提和保证，是确保企业正常运转、实现目标的有效手段和措施。企业要想把不同素质、不同社会背景、不同人生观与价值观的人统一起来，形成共识，并不容易，仅依靠企业文化还远远不够。要想让企业文化内化于心、外化于形，就要将其固化于制，产生有效的约束力。

缺少了制度规范，企业文化就会失去其载体和支撑，而流于形式。同时，良好的制度体系能够将企业的成功经验和管理模式固定下来，让企业的日常运作沿着预定的方向前进，保障企业目标的实现。当然，要想构建一种大而持久的制度也需要全体员工内化于心，落实到具体工作的行动上。

3. 企业文化与管理制度相辅相成

企业文化与管理制度是源与流的关系，或树根与树干的关系：文化是源，制度是流；文化是根，制度是干，二者无法截然分开，它们互相补充，相辅相成。一方面，制度体系建设能够极大地推动企业文化的落地；另一方面，制度体系通过对企业文化落地的跟踪、定位，能够有效保障企业文化有效发挥其引领作用。

管理制度是企业文化的重要组成部分，之所以建立制度，根本原因还是为了保障企业目标的实现，所以企业文化与企业制度并不矛盾，目的是一致的。有了制度的强制保证，员工就能在企业制定的“游戏规则”中行事，并形成习惯，使企业经营规范和高效，使企业文化稳定和持续发展。

从这个意义上来说，管理制度和企业文化是重合叠加的。企业文化是一种文化形式，为管理制度的构建和实施提供了思想基础，促进了企业管理制度的进步。

4. 企业文化与管理制度和谐发展

知道了企业文化与管理制度的关系，就能在实际工作中更好地利用和实施，以优秀的企业文化激发员工的自律意识，让有形的制度转变为员工的自觉行动，从而降低管理成本，实现企业长足发展。

（1）文化与制度要有独创性。企业文化是独一无二的，不要刻意地去模仿别人。管理制度的建立也要符合本企业的核心理念，不能看到别人用着好就照搬照抄。由于本土文化的差异、经济性质的不同、企业性质的不同以及社会环境的不同，无论是企业文化，还是管理制度，都应该体现自己的特色和魅力。

（2）实现管理制度的创新。企业一旦明确了文化核心理念，就要根据核心理念建立适宜的管理制度，并在保存核心的基础上，与时俱进地对企业文化进行创新和完善。管理制度的制定也不是一劳永逸的，要随着企业内外部环境的变化，根据企业战略和发展需要，对制度进行建设、梳理、调整和创新，构建出具有针对性、适应性、前瞻性、动态性的科学制度体系，以适应企业的发展。

（3）建立特定的制度评估机制。管理制度的优劣对执行层面有着重要影响，因此不仅要对制度的好坏进行评估，还要建立和完善评估机制。优秀的管理制度可以强化企业文化，经过不断地实践与完善，还能让企业文化扎根于企业，受到员工共同认可；不适宜的管理制度，会使企业偏离自己的发展核心，与文化建设的方向背道而驰。

企业文化与管理制度的作用

一、企业文化的作用

企业文化是企业重要的组成部分，优秀的企业文化不仅能营造良好的企业环境，还能提高员工的文化素养和道德水准，提高团队的凝聚力、向心力和约束力，促进企业的健康发展，使企业资源得到合理配置，在一定程度上提高企业的竞争力。企业文化的作用主要体现在：

1. 形成向心力

企业文化规范了员工的行为，能够让员工紧紧团结在一起，形成强大的向心力，使大家步调一致，为实现企业目标而努力。如果企业文化既符合企业利益，又能满足员工的精神需要，就会成为一个集体与个人双赢的文化，继而提高团队的凝聚力。

2. 将员工吸引过来

优秀的企业文化，不仅对员工具有很强的吸引力，对合作伙伴如客户、供应商以及社会大众都具有很大的吸引力；同时，优秀的企业文化还能稳定人才和吸引人才。同样的道理，合作伙伴也是如此。在企业文化的吸引下，任何人都愿意到企业文化更好的企业去工作，都愿意跟企业文化更好的企业合作。

3. 指导员工做事

企业文化能够为企业和员工提供一种明确的方向，让员工自觉去遵从，从而把企业与个人的意愿和远景统一起来。企业文化就像一个无形的指挥棒，对员工有着一定的导向作用，员工在文化的指引下，就会自觉地按照企业要求去做事，为企业的发展壮大多努力。

4. 激励员工工作

优秀的企业文化对员工有着巨大的激励和鼓舞作用，为企业营造一种良好的工作氛围。如果企业内部互相扯皮、钩心斗角，员工工作起来不但不快乐，反而会产生消极心理。企业文化氛围是一种精神激励，能够调动与激发员工的积极性、主动性和创造性，把大家的潜在智慧激发出来，使他们的能力得到全面发展，增强企业的工作效率。

5. 约束员工行为

企业文化本身具有一定的规范作用，比如，道德规范、意识规范。一旦企业文化上升到一定高度，这种规范就会生成无形的约束力。如此，员工就能明白：在自己行为中，哪些不该做，哪些不能做。企业文化具有软性的约束作用，通过这些软约束，能够提高员工的自觉性、积极性、主动性和自我约束力，使员工明确工作意义和工作方法，提高员工的责任感和使命感。

6. 提升企业竞争力

企业的竞争力不仅表现在技术上，还体现在企业文化上。优秀的企业文化，能够激发出员工的工作热情，提高他们的工作能动性，促进生产效率和效益的提高，为企业注入新的力量，提高企业的竞争力。

二、企业管理制度的作用

企业管理制度的作用主要体现在三方面，如下表所示。

作用	说明
有效管理成员	制度是一种管理工具。这一工具往往掌握在管理者手中，如果管理者不受约束，制度的执行就会出现巨大的偏差。制度，既规定了违反制度的惩戒，也规定了遵守制度的奖励，武断地认为“制度就是管员工的”是错误和片面的。管理制度以员工行为规范和做事准则为主，约定了员工可以做什么、不能做什么，可以规范员工的行为。奖励规定对员工的行为起着导向作用，惩戒规定对员工的行为起着预防作用。规范、导向、惩戒作用对企业全体员工是一视同仁的
保护员工的劳动	等红绿灯时，很多人都有过抱怨的经历。红绿灯降低了人们出行的速度，但同时保护了人们的安全。制度同样如此。制度约束了员工的自由，也让个体员工免受其他员工的“自由”干扰。如果没有制度，员工的劳动成果可以被其他员工随意获得，那么踏实干活的员工就要白白受欺。如果一家企业没有门卫制度、没有薪酬制度、没有安全制度，员工的合法利益、人身安全就容易受到侵犯
维护企业利益	管理制度是员工之间交往的准则，也是企业与社会各界交往的准则。如果没有制度保障企业的权益、保障员工的权益，在与外界交往时，企业的利益就会受到“强势企业”“强势单位”的剥夺，员工也会遭受不公待遇

任何一位老板或创业者都想将自己的企业建设成内外协调、上下同心的团队，但仅靠物质激励和管理制度是很难做到的。企业文化是一种强力黏合剂，可以把企业各个方面、各个层次的人团结在周围，产生巨大的凝聚力。

企业文化与管理制度的落地

一、企业文化的落地

企业文化落地是指，把企业愿景、企业使命或企业宗旨、企业精神等方向性的文化理念，融入企业发展战略规划、目标的实现；把与经营、管理有关的通用类文化理念，融入企业的经营与管理活动中；把个性类的文化理念融入全员的工作、任务中，引导和推动企业的良性发展，让企业的发展成果带上企业个性特征的文化烙印。

要想实现企业文化的落地，就要关注下面两方面的内容。

1. 坚持四个“必须”

（1）必须围绕“发展”进行。要想让企业实现可持续发展，就要将企业文化建设与可持续发展战略结合到一起，围绕战略发展目标更新经营理念，培养企业的文化水平，不断提升企业核心竞争力。企业最后的竞争是文化的较量和竞争，企业要深入推进企业文化建设，在制定发展战略的同时，实时对企业文化进行再造和创新，真正是利用“文化管企、文化兴企”。

（2）必须突出领导共识。领导层共同的价值观和经营管理的领导文化是文化落地的关键。从一定意义上讲，领导文化决定着企业文化的方向和发展水平。形成领导层共识，就是要统一思想、转变观念，要努力推进经营者和管理者的学习，不断实现企业文化的更新和认同。

（3）必须抓好实践执行。企业文化的源头来自管理者在经营管理实践中的深层次思考。在思考的过程中，领导者会构建企业的基本价值观、基本理念和行为准则，之后通过一定的方式传达出去，被员工所接受，让他们在行为中体现出来，这就是企业文化的实质。从本质上来说，企业文化的建设和落地过程，就是企业文化理念实践的过程、执行的过程。

（4）必须营造宣传氛围。员工对企业文化由认知到认同再到自觉实践，要经历一个从不自觉到自觉的发展过程。因此，要充分利用各种宣传载体、各种渠道、各种形式大力宣传企业文化，营造一种浓厚的企业文化氛围。

2. 推进三个“转变”，解决三个“问题”

（1）企业文化建设从精神文化转向管理文化。目前，国内兴起了企业文化热，把企业文化建设作为加强企业思想政治工作、精神文明的载体，积极提炼和倡导企业精神、调动员工积极性、塑造企业形象，为此做了很多表面文章。可是，精神文化只是企业文化的重要组成部分，不能等同于管理文化。企业文化离不开精神文化的政治优势，而精神文化只有真正融入经营管理，成为管理文化的重要组成部分，才能确立更加牢固的地位，生命力才能更强大。

（2）企业文化建设由党委主导向党政共同主导、行政主要负责转变。建设企业文化，既要发挥党组织的主导作用，又要发挥经营者的主导作用；既要符合当前的实际需要，又要重视长远发展，建立切实可行的管理机制和长效机制。企业必须真正认识到文化的内在推动作用，抓住文化的自觉性特征，运用管理理念、企业精神、企业价值观、企业道德等，促进企业文化建设的深入发展。

（3）企业管理从经验管理向科学管理、文化管理转变。目前，多数企业都在采用精细化的科学管理模式，并取得了良好的效果，极大地提高了生产、经营和管理水平。先进管理理论的实施，是经营理念更新和发展的结果，但科学理论不是管理的最高境界，“以人为本”的文化管理才是终极管理模式。企业文化建设的一个重要任务，就是要坚持“以人文本”，将已经形成的企业文化规范融入生产、经营、安全等各方面，培育出具有鲜明个性特色的产品质量文化、品牌文化和制度文化，保证企业文化的真正落地。

二、企业管理制度落地

1. 管理制度落地的方法

要使企业的管理制度落地，就要从制度的规划、制定、生效、宣贯、监督等环节着手，重点关注以下因素：

（1）领导重视。企业制定或修订制度时，领导者和管理者要高度重视，要召开动员大会。因为只有看到领导重视，各部门才能足够重视，才会更积极地执行，才能站在高层角度协调各方资源，促进制度的执行和落地。

（2）充分研讨。制度编制后，要组织各相关部门进行研讨，制度中涉及的部门领导和主要执行人员都要参与其中。研讨内容包括：工作职责分工是否清晰、是否存在灰色地带、流程是否全面且符合实际、表单设置是否合理、是否存在管控盲点等。只有经过充分研讨，制度的合理性和严密性才能得到保证。

（3）广泛宣贯。制度研讨的过程，就是宣贯的过程。只有做好宣传、导入和落实，才能实现制度从理念到行动、从抽象到具体的效果。需要注意的是，为了落实制度的宣贯，可以用邮件或会议等形式进行制度讲解并举行相关考核。

（4）充分引导。事实证明，进行人性化的引导，比强硬的监督和惩罚更能促进制度的落地。比如，办公区严禁吸烟，在远离办公区域设置吸烟厅和烟灰盒等设施，就能遏制犯了烟瘾的员工违规。

（5）监督检查。为了做好监督检查工作，企业要成立专门的监督检查小组，领导者还要以身作则。另外，要用定期不定期相结合的形式，对制度的执行和落实情况进行监督和检查。在监督和检查过程中，要充分吸收多方意见，将制度流程中不科学或不合理的地方记录下来，以备下次修订改正。

（6）定期更新。企业的业务流程和管理环境不是一成不变的，制度的更新和修订，不仅可以保证制度规定与实际情况相符，更能及时改正制度中不合理的地方，保持制度的科学性和合理性。

2. 管理制度落地的原则

企业管理制度的执行，要根据四个原则来落地，如下表所示。

原则	说明
长期坚持，不能半途而废	重复性是制度的一大特性，因此制度执行也要贯彻经常性原则。制度执行并非一劳永逸，只要发生了规则中描述的情况，就必须按规则办事
一视同仁，不能偏颇	规则，面对的是所有人群，不能出现任何特权，因为特权是规则无效的源泉。对员工做不到一视同仁，企业管理制度就不能得到贯彻，会影响规则的权威性
立即执行，不能拖延	管理制度一旦确立，就要严格执行。只要出现了违反规则的现象，就要立刻做出处罚；否则，就无法达到理想的效果
强制执行，不能例外	一项规则之所以能限制人们的行为，从某种程度上说是因为，一旦某人犯规，就会受到应有的惩罚，其他人则会通过别人的惩罚结果来约束自己的行为。因此，在规则执行的过程中，必须按规则办事，严格执行

第二章 企业文化是无形的管理

企业的管理靠文化而不是制度

企业之所以要对员工进行奖惩，并不是为了对人进行管理，而为了通过多种方式来激发人的潜力。而要想实现这一目的，最好不要利用公司制度，而要依赖企业文化。因为制度有漏洞，可以被有心之人利用，但人们却无法摆脱企业文化和氛围的约束。

古语说："不以规矩，不能成方圆。"企业的发展离不开制度，检验管理是否有效的一个原则是：在制度的约束下，员工是否达到了目标、是否完成了任务？当然，并不是所有的情形都能运用这个原则，将注意力集中在寻找企业发展的"秘方"上，是愚蠢的，是一种盲目的冒险行为。正确的方法是，专注要点。

管理的终极目的就是提高企业效益。企业内部的三大要素是人、财、物，其中财和物又是依靠人来运用的。因此，管理的根本还是对人的管理，关键点就是管人的方法具体如何。

管人的理论有很多，方法也不少。但很多管理理论，都存在先天的不足，比如，今天经常听到"靠严格的制度来管理企业"就是如此。原因有三：首先，这种制度更多的是约束人，而不是激发人；其次，这类制度能够解决有形的问题，而无形的、关于人心的问题则无法解决；最后，再好的制度都无法涵盖企业的所有方面，无法让人自觉地遵守这些制度。

人，不是冰冷的机器，用制度和流程来管理和约束人，仅适用于管理的初级阶段。被动地接受管理，员工就无法发挥出最大的效益，反而容易让结果朝相反的方向发展。企业对人的管理，可以分为三种："人治""法治"和"德治"，其中，"人治"就是由人来管理人，"法治"就是用制度来管理人，"德治"就是用文化来管理人，而"德治"却是管理的最高境界，其目的是激发人，引导人们将自己的主观能动性最大限度地发挥出来。

企业文化是一种无形的资产，其作用也是无形的，会影响、同化和激发企业中的每个人，使他们自觉、自发地工作。因此，统一和规范员工思维和行为的不是企业制度，而是企业文化。

企业通常由很多个人组成，是一个完整的统一系统，从一定意义上来说，治企也是治人。只有将所有的员工紧紧凝聚在一起，大家都为了企业的利益而努力，企业才能取得最大利益。古语"恩威并施，此为治也"告诉我们，不仅要用利益留住人，还要用企业文化来塑造和提升人。

每个人都希望受到他人的重视，只有这种感情得到满足，员工才会心甘情愿地为企业做事。企业文化的广义概念，不是公司宣传册上的那些口号，更不是愿景、价值观、企业精神等条理，而是一种随时存在的氛围。这种氛围虽然无法用言语描述，不能量化，但只要能够营造出来，就能够感染人、同化人、改变人。

企业文化的作用比制度的表面强制作用更大，企业的特定风格决定着员工和企业做事的方法和成效。只要营造一种好的、对企业发展有利的氛围，企业的发展必然会顺风顺水，而营造这种氛围的过程，就是塑造企业文化的过程。

从本质上来说，企业中的很多问题都是文化的问题。前几年，为了更好地进行企业管理，很多企业都引进了"空降兵"，可是大多数"空降兵"都惨淡离开。研究之后发现，之所以会出现这样的状况，一个主要原因就是这些“空降兵”无法融入企业文化。

企业文化的形成不都是“自上而下”的，但“空降兵”的改革却是“自上而下”的，因为他们本身都是高管。要想让“空降兵”发挥出最大作用，并不是要对制度和流程进行改革，而是要适应新的企业文化，而很多“空降兵”都忽视了这一点。

只有先融入企业，发现其中的问题，并让老板和员工感受和认识到这些确实是问题，确实需要改变，之后再采用适当的方式来逐步改变。一上台就大搞特搞，只能将团队搅乱。

精益生产中的TQC、OEC、六西格玛等，只是简单的学习和模仿，并不能取得理想的效果，只有将其上升并形成一种企业文化，才能运用自如，才能真正发挥出它们的最佳作用。

因此，从某种意义上来说，任何生产和日常的经营管理都是企业文化的一种体现，都是企业文化的一种延伸和具体运用。任何管理方法和管理模式仅采用一套流程和系统还远远不够，只有将其上升并形成一种对应的企业文化，才能从思想上统一和指导具体的行为。

企业中的很多问题其实都是文化的问题

改革开放以来，中小型企业获得了发展与壮大，成为中国经济发展的主力军。可是，任何事物的发展都会经历阵痛，而企业发展同样如此。企业遇到的阵痛就是出现的一个个问题，这些问题的出现制约着企业的发展，迫使管理者不得停下前进的脚步来解决这些问题。比如：

1. 管理不规范，随意性太强。公司制定的制度异常简单而且不成体系，无法满足公司的实际和发展需要。企业看重人情，重视人治，忽视了法治；没有建立合理的现代公司治理结构，管理和决策分离。

2. 企业只顾自己。在市场上，企业坚持自己的原则，很少会考虑客户的感受和需求，产品和服务无法满足他们的需求，企业的销售就会出问题。

3. 没有制订长远的战略目标。有些企业盲目追求利润最大化、规模增长的短期效益，忽视了永续经营，不对产业链进行无偿投入，忽视了长远的战略目标，只顾眼前的三分小利。

4. 忽视了人才的培育。企业没有建立健全的人力资源管理体系，没有制订完善的人才培养计划，不重视人才的培训，虽然总是在招人，但留不住人。

5. 企业文化没有内涵。企业看重文化物质层建设，将核心价值观的作用抛在一边；企业重视创意，但不顾自身的实际情况；企业文化千篇一律，员工不认同，没有归属感。

6. 资金不足，总是缺钱。企业资金短缺，基础不稳健，运营有问题，发展缓慢；无法招揽到优秀人才，无法扩张队伍，无法更新设备，没有竞争力……

这些问题，很多企业都存在，如何来改变和解决？如何让企业有做强做大的可能性？答案就是建立完善的企业文化。因为企业发展中存在的问题很多都是文化问题。

企业文化，是企业中一整套共享的观念、信念、价值和行为规则的总和，能够促使企业内部形成一种共同的行为模式，这种共同的行为模式就是企业文化最强大的力量所在。

企业文化是一种竞争文化，更是企业的灵魂，优秀的企业文化可以让管理者在不断变化的环境中保持清醒的认识，让企业运行到正确的轨道上，并保持竞争优势。拥有优秀的企业文化的企业，才能具备竞争力，反之亦然。那么，企业文化是如何对企业问题产生作用的呢？

1. 企业文化对企业有着一定的导向作用

企业为何在市场中没有竞争力？原因之一就是没有统一的目标。企业只有确立了明确的发展目标，才能将人们的事业心转化为具体的目标和准则，成为员工的精神动力，激励他们为企业的统一目标而奋斗。有了企业文化，人员就能在企业文化的指引下，不断创新和努力。

2. 企业文化能够激励员工努力工作

员工为何工作不积极，为何业绩不高？原因之一就是没有共同的价值观念。而企业文化就能创造出共同的价值观念，让员工被重视、受尊重，让企业认可他们的贡献和努力，从而激励他们更加积极努力地工作，让员工在实现自我价值的同时为企业的发展不断做出贡献。

3. 企业文化能够将人员聚集在一起

团队为何一盘散沙？其中一个原因就是没有归属感。企业文化是企业发展的重要保证，更可以让员工产生强烈的归属感和荣誉感，形成正确的行为准则，使他们最大限度地将自己的情感和行为统一到企业的发展中来，把自己的价值观融合在企业发展的目标中，与企业同呼吸、共命运。

4. 企业文化能够塑造良好的企业形象

企业为何形象受损？其中一个原因就是，员工对企业不屑一顾。而要想让员工对企业有归属管，就要建立企业文化。因为优秀的企业文化不仅可以向社会展示成功的管理风格、良好的经营状况和和谐的内部环境，还能激发出员工对企业的自豪感，为企业塑造良好的整体形象，扩大影响，为企业创造巨大的无形资产。

5. 企业文化可以规范管理

优秀的企业文化可以对企业形成一种无形的文化约束力，提高企业的经营业绩。比如，以诚相待、诚实守信等企业文化，能够为员工提供一整套观念体系，弥补管理制度中的不足，让员工坚定信念，对员工形成一种有效的软约束，减少员工对制度的抵触，为企业营造一种和谐、统一、默契的工作和管理氛围。

为什么企业文化能对企业产生实效

如今，很多人对企业文化的理解依然停留在企业宣传册和企业网站上的“愿景、使命、价值观”等，虽然都在表面上强调和重视企业文化，但心里却认为企业文化是很虚的东西，不实在。他们之所以会有这样的认识，最重要的原因就是，没有看到企业文化的实际功效，没有将企业中存在的问题与企业文化联系起来，甚至没有认识到很多成绩的取得都要归功于企业文化。

济南九阳电器有限公司董事长王旭宁认为，企业不论大小，都应该重视企业文化的建设。企业文化不是一次运动，仅用两三年的时间就能达到，最好是从企业创建初期就着手建设，一旦企业发展壮大，再去建设企业文化就比较困难了。

九阳的目标是：做一个百年企业。而世界上的百年企业都有一个共同特点：重视企业文化建设，都有超越利润的社会目标。这是它们共同的企业价值观，也是企业文化的核心之一。这也正是九阳努力塑造的文化理念。

九阳企业文化可以概括为八个字，即“人本、团队、责任、健康”。首先，坚持“以人文本”，既尊重员工，又发挥其潜能；其次，鼓励员工自觉地融入团队，自私的、本位的、不协作的员工都不受欢迎，也没有前途；再次，做有责任感的企业，九阳对员工、消费者、合作者和社会负责任，并在经营中努力让他们满意，同时，让每位员工都做有责任感的人；

最后，企业拥有健康的机构，九阳的健康理念是，让员工拥有健康的身心和生活方式，以保证九阳的长期生存和发展。

不可否认，九阳的快速发展，确实离不开企业文化。那么，为什么企业文化能对管理产生实效，企业文化又是如何对企业管理产生实效的呢？

企业文化绝不是所谓的“愿景、使命、价值观”等口号，口号无法取得实际功效。企业文化是企业的空气，是企业的氛围，是经长期发展而形成的一种企业的风格和习惯。什么样的风格和习惯决定什么样的做事方法，进而决定着企业的管理成效。如果企业的风格是官僚主义和拖沓，员工工作就没有效率；如果企业的风格是鼓励创新，各种创新就会纷至沓来……

口号和实际风格的区别就在于：口号如同愿景、使命，虽然口头上说鼓励创新，但实际上并没有采取相应的措施，也没有确立相应的制度和体系，更没有形成相应的意识和行动……一句话，还远没有形成创新风格。这根本不是企业文化，只是口号。

虽然各企业都制定了自己的制度和流程，但制度和流程的作用却是片面的和非主动的，虽然有一定的强制性，但也有很多漏洞。虽然企业文化表面看起来没有奖惩，强制性不够，但真正的企业文化是已经形成一种风格，每个人都不约而同地按照这种风格去做事；不按照这种风格去做，就要改变自己去适应这种风格，否则就会因为格格不入而被淘汰。从这个意义上来说，企业文化的约束作用比制度表面的强制作用要大。

企业文化可以对管理成效产生巨大的影响和作用，不管做任何事情，都不能只看表面。只要深入分析和挖掘，就会发现很多事情并非我们想象的那样，每件事都有其内在的价值，只要被发现，就能将重要作用发挥出来。营造一种对企业发展有利的氛围，对企业的发展会有巨大的促进作用。而营造这种氛围的过程，其实就是企业文化的塑造过程。

好的管理最终都要上升到企业文化

好的管理最终都要上升到企业文化，如何理解这句话呢?

众所周知，丰田公司的精益生产方式，是工业界最佳的生产组织体系和方式之一，其优越性不仅体现在生产制造方面，也体现在产品开发、协作配套、营销网络和经营管理等各方面。精益生产方式的两个核心就是消除浪费和不断改进，不断改进已经成为丰田公司企业文化的一个重要组成部分。

20 世纪，中国汽车企业曾大规模学习和引进丰田的精益生产方式，但都没有成功。原因虽然有很多，但是有一点可以肯定：他们仅仅模仿了人家的流程和方法，没有学到人家的企业文化精髓。

精益生产既是一种生产方式，又是一种理念、一种文化，对于丰田，不再是一套生产体系，已经完全上升为一种企业文化。正是因为有了这种文化，才让这种生产方式得以实施，并产生了巨大效益。

文化是根本，方法只是枝节，只有根本稳固，枝节才能繁茂。管理方法和管理模式只有成为一种企业文化，才能长久发挥作用，否则只能解决临时问题，只能发挥暂时功效。

企业文化是管理的最高境界!

企业文化是企业的灵魂，是企业持续发展最强大、最宝贵的不竭动力；它不是宣传口号的堆砌，而是企业价值理念和行为规范的有机统一体，更是企业“思”与“行”的完美结合。

企业要想发展，首先就要明白自己为何而存在，也就是企业的使命是什么。企业使命是“高、大、伟”，还是“低、俗、凡”，并不是特别重要，重要的是，企业文化能被员工真正理解、相信和实践，能够真正融入员工的思想、行为和习惯中。

现实中，很多企业都会在公司墙上贴上高大上的口号，印制精致的企业文化宣传画册，但员工对企业文化的认同度并不高，管理也没有在企业文化的传播中发挥好自己的示范带头作用，大家只是为一份工资而工作……这种企业文化形同虚设，与初衷相违背。

不要觉得，企业只要效益好，就能有精力投资搞企业文化，给企业锦上添花。企业文化是企业的精神和灵魂，是企业发展过程中的内在客观需要。当企业一步步走向发展的时候，最需要建立企业文化；当企业停滞不前的时候，最需要整合提升企业文化；当企业实现跨越式发展的时候，最需要的是创新变革企业文化……

企业招聘员工的时候，只谈工作、薪资和能力等，几乎不谈企业使命和企业文化，员工就不会认同企业。企业文化是企业的基因，决定着企业的性格和命运；企业文化的格局和内涵决定着员工的特点和能力。

规章制度是企业文化的重要内容之一，很多时候，制度越固化，企业文化反而越弱化。上等公司治理靠文化，中等公司治理靠制度，下等公司治理靠亲情。企业文化跟墙报、杂志和活动等关系都不是太大，它是虚的，必须做实。企业文化只有跟企业经营管理联系起来，与企业发展紧密结合，与员工的切身利益紧密结合，才不会浪费企业的资源和时间。

企业文化建设要实现的一个重要目标是，让员工的说法和想法保持一致，让员工的做法和说法保持一致！企业文化是一场涉及传统方式和习惯思维的革命，能够让企业管理更加文明。在逐渐渗透的过程中，企业文化最终会转变成员工的价值观，促使他们走向互助、和谐与发展。

优秀的企业文化可以让人打开心门，心门一旦打开，进去就会变得很容易。当一个人被感动、梦想被唤醒时，就会自愿自觉地遵守企业的规章制度，为企业的发展建言献策；他会认同企业文化所弘扬的发展愿景，愿意为之奋斗终身。通过企业文化的塑造，员工就能实现自我管理、自我激励，这也是企业经营管理的最高境界！

管理的最高境界就是没有管理

没有管理的管理，是管理的最高境界！也就是所谓的“无为而治”。

为什么很多公司大老板整天打高尔夫球，而有些企业领导会感到疲惫不堪？就是因为还没有达到“无为而无不为”的境界，这种境界需要一种文化氛围推动前进。

巴菲特共有 53 家下属子公司，通过二级市场持有大量股票的上市公司有 38 家，总资产超过 2 万亿元人民币，员工超过 25 万人。其中有这样一家大公司从不召集各子公司经理人开会，它就是伯克希尔。

伯克希尔总部只有 20 个人，在同一楼层办公，机构设置异常简单：既没有法律部，也没有人事部，更没有战略规划部，连警卫、司机等后勤部都没有。真正的管理者只有巴菲特一个人，还有一个参谋——芒格。

员工只知道，伯克希尔由巴菲特控股，多数人都没去过总部，也没见过巴菲特。不仅子公司的普通员工如此，多数经理人也是如此。在伯克希尔公司，各家公司经理人只要专注于业务经营即可，既不用到总部开会，也不用担心融资，更不需要担心华尔街股票市场的涨幅。只要愿意，随时都能给巴菲特打电话。

这就是巴菲特的管理方式！

《道德经》第十七章说：“太上，不知有之；其次，亲而誉之；其次，畏之；其次，侮之。信不足焉，有不信焉。悠兮，其贵言。功成事遂，百姓皆谓‘我自然’。”交通太慢，通信中断，帝王根本无法直接管理庞大的疆土，只能授权下面的小王国分散管理，结果更加高效，更加稳定。巴菲特下属50多家子公司也像小王国一样各管一方，业务范围内高度自主，总部不进行统一管理，巴菲特也没有这种管理能力，避免了大企业官僚体系的低效。

为了加强这种放权管理模式，巴菲特做了很多，其中之一就是塑造强大的公司文化。巴菲特曾说：“我们最后一项优势是非常难以复制而且已经渗透于伯克希尔公司骨子里的企业文化。在企业经营中，企业文化至关重要……文化会自我繁衍。正如丘吉尔所说：‘你塑造你的房子，然后你的房子塑造你。’这个哲理同样适用于企业经营。官僚主义的程序会产生更多的官僚主义，专制的企业帝国会引发更多的专制行为。”

管理的最高境界就是没有管理。企业文化落地有三部曲，战略执行、全员认同、全员参与。离开哪一点都不行，因为文化是需要所有员工共同遵循的价值观和行为准则，不是一两个人的文化，而是全员问题。

1. 员工会将企业文化牢记在心中

文化理念需要在员工中间得到传播，要采用切实可行的方法，因地制宜，因人而异地传播。比如，可以讲故事、抓重点案例、树典型等，让企业文化的理念、行为方式、价值观铭记在每位员工的心中。

2. 员工会用企业文化来约束自己

在企业文化的指引下，企业就会制定科学合理的规章制度，在执行层面会做到公开、公平和公正，确保制度面前人人平等。成员会将企业文化融入管理制度和用人机制上，通过刚性执行制度确保企业文化理念落地，确保企业管理细致入微，减少管理真空的发生，把管理融入工作细节。

3. 员工会按照企业文化的要求来做事

确定企业价值观后，员工就能按照企业倡导的方向去做，待人接物行事方式也会更加符合企业文化的要求，比如，海尔通过砸毁 76 台问题冰箱事件，在员工心里牢固树立了质量第一的企业文化。

4. 企业文化会营造一种适宜的氛围

企业文化的落地和推进，会在企业内部营造一种氛围。在企业发展的不同时期，企业都能有针对性地开展各种活动，突出企业文化的主题，推进企业战略的实施；也能做成理念故事，对企业文化进行宣传，将典型上墙，或通过板报、手册、广播等载体进行推广，让员工每时每刻都能感受到这种文化氛围，并在潜移默化中受到影响。

5. 企业文化能将员工凝聚在一起

杰克·韦尔奇说过："在公司或办公室里，几乎没有一件工作是个人能独立完成的。"多数人只是在高度分工中担任部分工作，依靠企业文化的力量，全体员工就能互相合作、互补不足，工作也能顺利进行，企业文化也能在企业发展的过程中得到加强和深化。

第三章 企业文化的内容、功能、建设原则及实操方法

企业文化的基本内容

提到乔布斯，相信很多人都会竖起大拇指。虽然他已经离开我们，但他对世人的影响依然存在。

在向乔布斯学习的时候，在对乔布斯顶礼膜拜的时候，很少有人会想到乔布斯创立的企业文化。

通过乔布斯的努力，苹果不仅通过 Apple Ⅱ重新定义了个人电脑，还掀起了多个“i”型巨浪。不管是对音乐 iPod，还是手机 iPhone，抑或是平板电脑 iPad，只要是苹果涉猎的领域，都会除旧布新，声势浩大。之所以能发展如此好，跟苹果文化有着密切关系。

首先，苹果重视创新。苹果推出的每项新品都独具魅力，代表了世界的最高技术，不会克隆其他公司的产品。从苹果Ⅱ开始，到乔布斯重返公司的十几年，在微机史上苹果创造了许多“第一”；推出的每款产品，都能给客户带来新的体验，引领时代潮流。

其次，苹果有激情、追求完美、坚信苹果比其他公司都强。在乔布斯的领导下，只要有重要产品即将宣告完成，苹果都会退回最本源的思考，并将产品推倒重来。乔布斯认为，主导市场是最重要的事。涉及技术时，乔布斯脑海中只会出现一个目标，那就是“主导市场”。他想的不是击败其他公司，而是彻底摧毁他们。

根据苹果对企业文化的定义可知，其内容异常广泛，最主要的应包括如下九点：

内容 1：文化结构

企业文化结构是指，企业文化系统内各要素之间的时空顺序、主次地位与结合方式；企业文化结构是企业文化的构成、形式、层次、内容、类型等的比例关系和位置关系，表现了各要素的链接方式，形成了企业文化的整体模式：企业物质文化、企业行为文化、企业制度文化和企业精神文化形态。

内容 2：团队意识

团队意识是员工的集体观念，是团队凝聚力形成的重要心理因素。一旦形成团队意识，员工就会将自己的工作和行为都看成实现企业目标的组成部分，为自己在企业工作而感到自豪，继而产生荣誉感，自觉维护团队利益，将企业看成自己的归属。

内容 3：企业使命

所谓企业使命是指企业在社会经济发展中应担当的角色和责任，是企业的根本性质和存在理由，是企业目标确立与战略制定的重要依据。企业使命，不仅要说明企业在社会经济领域中所经营的活动范围和层次；还要具体表述企业在社会经济活动中的身份和角色，主要包括企业的经营哲学、企业宗旨和企业形象。

内容 4：企业制度

企业制度形成于生产经营实践活动中，对人的行为带有强制性，能保障一定的权利。从企业文化的层次结构看，企业制度属于中间层次，是精神文化的表现形式，是物质文化实现的保证。企业制度是员工行为规范的模式，保证了个人活动的合理进行，协调了企业的内外人际关系，还保护了员工的共同利益，让企业能够有组织地实现企业目标。

内容 5：经营哲学

经营哲学即企业哲学，是企业特有的从事生产经营和管理活动的方法和原则，是指导企业行为的基础。在激烈的市场竞争环境中，企业要面临各种矛盾和多种选择，必须用科学的方法来指导，用一套完整的逻辑思维程序来决定自己的行为，这就是经营哲学。例如，某企业的经营哲学是“讲求经济效益，重视生存的意志，事事谋求生存和发展”。

内容 6：价值观念

所谓价值观念就是基于某种功利性或道义性的追求，而对个人、组织本身的存在、行为和行为结果进行评价的基本观点。从一定意义上来说，人生就是为了价值的追求，价值观念决定着人生追求行为。

价值观不会体现在一时一事上，而是在长期实践活动中形成的关于价值的观念体系。企业的价值观是指，员工对企业存在的意义、经营目的、经营宗旨的价值评价，是员工共同的价值准则。只有建立了共同的价值准则，企业才能实现正确的价值目标。

有了正确的价值目标，才会产生奋力追求价值目标的行为，企业才能有希望。企业价值观决定着员工行为的取向，关系着企业的生死存亡。只顾企业经济效益，就会偏离社会主义方向，不仅会损害国家和人民的利益，还会影响企业的整体形象；只顾眼前利益，就会急功近利，目光短浅，使企业失去后劲，导致灭亡。

内容 7：企业精神

企业精神是指，基于自身特定的性质、任务、宗旨、时代要求和发展方向，企业经过精心培养而形成的员工的精神风貌。企业精神要通过企业全体员工有意识的实践活动体现出来，是员工观念意识和进取心理的外化。

企业精神是企业文化的核心，在整个企业文化中占据着支配地位。企业精神以价值观念为基础，以价值目标为动力，对企业经营哲学、管理制度、道德风尚、团体意识和企业形象起着决定性作用。从这个意义上来说，企业精神是企业的灵魂。

为了便于员工理解，企业精神一般都会使用富有哲理、简洁明快的语言来表达，不仅方便员工进行自我激励，还便于对外宣传，更容易在人们头脑中留下印象，打造个性鲜明的企业形象。比如，王府井百货大楼的“一团火”精神，就是要用大楼的光和热去温暖每一颗心，其实就是一种奉献服务。

内容 8：企业道德

企业道德是指，调节该企业与其他企业之间、企业与客户之间、企业内部员工之间关系的行为规范的总和。其从伦理关系的角度，以善与恶、公与私、荣与辱、诚实与虚伪等道德规范为标准，对企业进行评价和规范。

企业道德不具有强制性和约束力，但具有积极的示范效应，并有着强烈的感染力，一旦被人们认可和接受，就会产生巨大的约束力量；同时，企业道德还具有更广泛的适用性，能够很好地约束企业和员工的行为。

内容 9：企业形象

所谓企业形象指的是企业通过外部特征和经营实力表现出来的、被消费者和公众认同的企业总体印象。

企业形象分为表层形象和深层形象。由外部特征表现出来的企业形象叫作表层形象，比如，招牌、门面、徽标、广告、商标、服饰、营业环境等，这些都给人以直观的感觉，容易形成印象。通过经营实力表现出来的形象叫作深层形象，是企业内部要素的集中体现，比如，人员素质、生产经营能力、管理水平、资本实力、产品质量等。

深层形象是表层形象的基础，没有深层形象，表层形象就是虚假的，也不能长久地保持。流通企业主要经营商品和提供服务，与客户接触较多，表层形象显得格外重要，但并不能将深层形象放在次要位置。

企业形象还包括企业形象的视觉识别系统，比如，VIS 系统，是企业对外宣传的视觉标识，是社会对企业视觉认知的导入渠道之一，也是关系企业能否进入现代化管理的标志内容。

企业文化的五大功能

企业文化的功能一共有五个：对员工的导向功能、对员工的约束功能、团队的凝聚功能、对员工的激励功能、文化的辐射功能。

功能一：对员工的导向功能

以企业文化为导向，员工不仅可以知道企业的价值观，还可以知道企业的目标。然后，就能明确自己的行动和定位。

1. 企业文化引导员工了解经营的哲学和价值观念

经营哲学决定着企业经营的思维方式和处理问题的方法，而思维方式和处理问题的方法又会对领导者的决策起到指导作用，甚至还会引导员工用科学的方法从事工作。而价值观念规定了企业的价值取向，员工知道了企业文化的内涵，就能对事物的评判达成共识。之后，全员上下就能为了一个共同目标而努力。在这一方面，迪斯尼践行得最好。

如今，只要一提到迪斯尼乐园，很多人都会立刻想到“快乐”这个词。人们之所以要去迪斯尼玩乐，主要就是为了获得快乐感，而“为大众制造快乐”正是迪斯尼的企业文化。

为了迎合“为大众制造快乐”这一文化理念，迪斯尼异常重视选词用词。它没有设立人事部，只设立了“角色分派中心”，员工需要扮演不同的角色，在这里他们不是职员，而是演员。为了扮演好自己的角色，上班时员工都要换上自己的戏服。工作场所在这个娱乐大舞台上，不管是“白雪公主”，还是卫生清洁工，都会以主人的身份用微笑迎接世界各地的客人。

为了让员工更好地接受企业文化，新员工入职后都要在迪斯尼大学接受为期三天的培训，不仅要学习公司的文化理念，还要用师傅带徒弟的方式进行实地培训，让员工理解自己的角色，理解自己与公司的关系，真正成为迪斯尼的一员。

2. 企业文化引导着员工努力的目标和方向

企业目标代表着企业的发展方向，员工不明确目标，工作起来就会像无头苍蝇般迷失方向。优秀的企业文化一般都会从实际出发，以科学的态度去明确企业的发展目标，这种目标不仅科学，而且可行，以此为引导，员工也就知道了努力的方向。

功能二：对员工的约束功能

企业文化对员工有着一定的约束作用，明确了企业文化，员工的言行也就有了依据，不会肆意而为。当然，关于这种约束作用主要是通过完善的管理制度和道德规范来实现的。

1. 企业文化会对员工进行有效的制度约束

管理制度是企业文化的内容之一，是企业内部的法规，领导者和员工都需要遵守和执行，对员工有着很强的约束力。

2. 企业文化对员工进行有效的道德约束

企业文化会从伦理关系的角度来约束员工的行为，一旦员工违背了道德规范的要求，就会受到舆论的谴责，就会感到内疚。在这方面，典型的例子就是同仁堂。

同仁堂遵守“济世养生、精益求精、童叟无欺、一视同仁”的道德规范，严格按照工艺规程操作，严格管理质量流程，严格执行纪律。

同仁堂人恪守诚实敬业的药德，坚持“修合无人见，存心有天知”的信条，严格按照配方制药，选用货真价实的药材，不偷工减料，不以次充好。同仁堂人坚持“配方独特、选料上乘、工艺精湛、疗效显著”的制药特色，生产出众多疗效显著的中成药。

同仁堂的企业精神是“同修仁德，济世养生”，其创业者把行医卖药作为一种济世养生的高尚事业来做，以“养生”“济世”为己任，诚实敬业，对求医购药者以诚相待，童叟无欺，一视同仁。

功能三：团队的凝聚功能

企业文化“以人为本”，尊重员工的感情，就能在企业中创造出一种团结友爱、互相信任的氛围，并能强化团体意识，使内部形成一股强大的凝聚力和向心力。员工将企业看成与自己相连的命运共同体，把本职工作看成实现共同目标的重要组成部分，企业就能步调一致，形成统一的整体。如此，“厂兴我荣，厂衰我耻”就会成为员工由内心生出的真挚感情，就会“爱厂如家”，就会全力以赴。

华为之所以能够取得今天的成绩，一个重要原因就是企业的“狼”文化，用狼性将上下员工凝聚在一起。

在狼的身上一共有三大特性：嗜血性、不畏严寒、集体出动。“嗜血性”体现在华为企业文化中就是，提高敏感性和警觉性，只要有商机，都能敏锐地发现；“不畏严寒”体现在企业文化中就是，即使市场环境异常恶劣，也要顽强地活下去；而“集体出动”指的是一种团队协作精神，员工会带着“我们是一群狼，在最恶劣的环境下也能找到食物”的信念努力工作……如此，企业“狼”文化就被很好地融入员工的思想和行为中，“狼”也就成了华为的企业文化！

功能四：对员工的激励功能

企业文化对员工有着极大的激励作用，当企业文化建设取得成功、产生较好的社会影响时，员工就会产生强烈的荣誉感和自豪感，就会加倍努力，用自己的实际行动去维护企业的荣誉和形象。

香格里拉酒店是华人的企业典范，经过长时间锤炼，其管理已经磨合成统一的整体，形成了强大的凝聚力。这种经过长时期磨合而形成的凝聚力，任何人都带不走；离开香格里拉的人，只能带走制度、方法等程序化的东西，永远带不走香格里拉的企业文化。

这种凝聚功能主要表现在人才的选用和任用上。香格里拉为员工创造了灵活的工作环境，提高了员工的归属感。他们不仅为员工提供现有工作领域的培训，还会为员工创造更多发展的机会。这些都激励着员工在公司努力工作。

功能五：文化的辐射功能

企业文化一旦形成较为固定的模式，不仅会在企业内部发挥作用，影响本企业的员工，还会通过各种渠道对社会产生影响。具体来讲，企业文化的辐射作用体现在四个方面，如下表所示：

辐射作用	说明
产品辐射	通过产品的有形载体，满足社会需求的功能
管理辐射	把企业先进的企业精神、价值观念和道德观念等向社会扩散，取得广泛的社会认同
人员辐射	通过员工的思想行为、言语风貌、从业素质和技能等，形成社会对员工的认可
观念辐射	将企业形成的创新观念向社会传播和扩散，促进社会的发展和变迁；通过自身观念的创新，带动社会消费的创新

企业文化建设基本原则

说到企业文化，不得不提到万科。因为“一克拉”文化体现的用人原则就是万科多年来稳步发展的动因。

万科给自己的定位是：做中国地产行业的领跑者。万科对内平等，对外开放，致力于建设“阳光照亮的体制”。万科把人才当作资本，倡导“健康丰盛的人生”，其企业文化案例被业界纷纷学习。

竞争到一定阶段，企业之间的差异会直接体现在企业文化上。从万科的企业文化可以看出，企业文化与企业家视角下的人文情怀是分不开的。万科“阳光照亮的体制”让其“创造健康丰盛的人生”成为现实，企业家的思想境界影响着企业的健康和进步。

二十多年来，万科“一克拉文化”所体现的“以人文本”的管理思想已经逐步渗透到日常的管理工作。万科重视工作与生活的平衡；为员工提供可持续发展的空间和机会；倡导简单的人际关系，营造了能充分发挥员工才干的工作氛围。

通过不断的探索和努力，万科组建了一支富有激情、忠于职守、精于专业、勤于工作的团队，营造了一种创新、进取、向上的公司氛围。

如今，企业文化的作用已经得到了越来越多的企业认可，企业文化实践也是硕果累累。从推进企业文化建设的效果看，企业文化之所以能够开展得有声有色，能够积极推动各项工作的开展，主要是因为多数企业都在文化建设中坚持了以下原则。

原则 1：努力挖掘企业文化的内涵

企业文化建设，不仅要突出企业的鲜明个性，还要努力打造与众不同的特色、优势和差异性。在文化建设过程中，要根据企业的实际情况，挖掘和提炼具有鲜明特色的文化内涵，并得到全体员工的认可。

原则 2：增强企业文化建设的激情

企业文化的建设，需要从三个方面着眼：一要总体设计，分步实施；二要全面推进，重点突出；三要坚持不懈，持之以恒。要保持和增强企业文化建设的激情，使企业文化建设始终处于巩固、强化和发展的状态。

原则 3：讲求实效，不搞形式主义

文化建设要以企业实际情况为基准，明确企业定位，从实际出发，不搞形式主义，制定切实可行的方案，借助必要的载体和形式，建立管控体系和有效的激励约束机制。切记，不要把企业文化变成形式主义，要实事求是地进行文化塑造，重点突出，稳步推进。

原则 4：企业文化重在传承

文化传承是文化创新和发展的基础，没有传承，割断历史，推倒重来，另起炉灶，只能失去了文化创新和发展的固有主体。文化传承应当是有所批判、有所扬弃的继承，只有将历史与现实结合起来，将传承与创新并重，才能使企业文化一脉相承、发扬光大。

原则 5：让企业文化建设动起来

企业文化建设是一个动态化发展的过程，静止的文化没有出路。企业的价值理念需要随着企业经营体制、组织体系、面临形势和战略重点而不断变化，及时地完善和调整、创新和突破。同时，企业文化是开放的，要及时借鉴、吸收外部组织和其他企业文化的先进理念和经验，在自我提高中实现动态发展。

原则 6：与经营管理一起成长和发展

企业文化与经营管理的关系异常紧密，犹如手心手背的关系。企业文化不是单独发挥作用的，必须融合企业的发展战略、管理体制、经营策略，贯穿经营管理的每个环节和过程。企业文化一旦离开了经营管理实践，就会变成无源之水、无本之木。因此，要想建设企业文化，就必须与经营管理共成长、共发展。

原则 7：企业文化要有一定的实效性

企业文化要起到一定的作用，就要有一定的时效性。因此，建设企业文化，首先，要明确目的，注重实践，把企业倡导的价值理念付诸实践，使其落地生根，对企业和员工的行为形成约束。其次，要采用科学的方法，坚持务实的作风……一句话，要做到文化设计有针对性，制度建设有可操作性，文化推进有可控制性。

原则 8：系统运作，学会打持久战

企业文化建设是一项战略性、长期性的工作，不能一蹴而就，要学会打持久战。比如，要明确总体目标和阶段性目标，根据目标来进行具体操作和建设；领导要发挥好自己的带头作用，不仅要更新理念，还要将先进的理念转化为公司的理念、机制和规则；明确管理者的角色定位，让他们主动承担起自己的的责任，将员工团结在一起，调动员工的积极性和创造性，为企业文化建设贡献自己的力量。

原则 9：突出个性，形成文化特色

优秀的企业文化一般都具备鲜明的个性特征，这也是其企业文化的精华和源泉所在。在企业文化理念、经营行为、品牌形象和广告推广中突出个性，会产生强大的文化感召力、亲和力、吸引力和冲击力，能给人们留下深刻的印象。因此，企业必须从企业精神、价值理念、行为规范等方面反映出企业文化的特点，形成文化特色，达到“文即其企”“以文兴企”

的目的。

原则 10：形成体系完备的企业文化

要想将朴素的、零星的、散乱的企业文化因素进行筛选和整合，形成内容丰富、体系完备的企业文化，就要做到下面 4 点：

首先，要将企业精神文化、行为文化、形象文化融合到一起，三位一体、互相支撑。

其次，要将企业文化与企业战略选择、制度安排密切配合起来，相融共生。

再次，要将历史与现实结合起来，将激励与约束合而为一，将巩固与创新并进。

最后，要保持文化运行机制的自我约束、自我完善、自我提高和自我发展。

原则 11：建立一套规范的制度体系

企业文化依赖于制度的强力推行，员工的价值理念和行为规范必须靠制度去灌输和约束。人天生都具有惰性和随意性，企业倡导的价值理念即使已经被员工认同，但离开了制度的激励和约束，也无法转化为员工的实际行为，更无法形成自觉习惯。

要想推行企业文化，就要建立一套规范的制度体系，对自觉奉行企业价值理念的，给予表彰奖励；对违反企业价值理念的，给予相应的处罚，让员工切身感受到什么是提倡的、什么是禁止的，纠正错误的思想和言行，强化符合企业文化要求的言行，达到“文制合一”的境界。

原则 12：“以人文本”，鼓励员工参与

员工是企业最重要的资源，企业文化始终都要“以人为中心”，充分反映员工的思想文化意识，鼓励员工积极参与，发挥创造精神，让企业充满生命力，保证企业文化的健康发展。

（1）做好员工的管理，并将“人的重要性”有机地融合到企业追求的目标中。

（2）要尊重和理解员工，凝聚人心，激发热情，开发潜能，调动员工的积极性和创造性，使企业管理更科学。

（3）正确处理领导倡导与员工参与的关系，让员工参与各环节，让每项政策出台都得到员工的认可，形成全员参与、互相交融的局面，最终实现员工自身价值的升华和企业蓬勃发展的统一。

原则 13：企业领导积极推进

企业文化建设离不开“一把手”的强力推进，因此，为了建设企业文化，企业领导就要做到以下四点：

（1）要深刻认识企业文化建设，把建设优秀文化当作企业的最高追求。

（2）要成为企业文化的开创者，在出思路、定纲领、提炼企业理念、升华企业精神、形成企业文化建设方案的过程中，发挥好主导作用。

（3）要成为企业文化的有力传播者，运用自身特有的权威和力量，强力推行企业文化。

（4）要成为企业文化的实践者，发挥好自己的带头作用，用自己的言行来践行企业文化理念，引导企业形成新风尚，继而对员工的行为产生积极影响。

原则 14：着眼于全员、立足于全员

企业文化是一种全员文化，企业文化建设必须着眼于全员、立足于全员、归属于全员。

（1）要把员工赞成不赞成、拥护不拥护、认同不认同作为检验企业文化成熟度的关键标准。

（2）企业文化要想被员工接受，就要从员工的价值观中提取出基本理念，经过不断加工、整理和提炼，上升为企业的价值理念。

（3）企业文化要想在全体员工中形成共识，就要坚持“从群众中来，到群众中去”的原则，让更多的人产生共鸣，继而产生强大的凝聚力。

（4）要让所有的员工都成为企业文化的积极推行者、自觉实践者，充分发挥企业文化的主体作用。

（5）企业文化要发挥自己的“以文化人”的作用，把培养人、提高人、发展人作为立足点，全面提高员工的综合素质，不断提高企业的竞争力。

企业文化“诊断、设计、强化”三步曲

在企业文化建设的方法上，一直以来都存在两种倾向。

一是自然主义倾向。认为企业文化、企业理念是企业长期生产经营活动中自然形成的，企业没办法也不应该进行人为设计，这种认识直接导致的结果是，企业文化建设出现“无作为”现象，缺乏明确的理论指导。

二是主观主义倾向。认为企业文化、企业理念就是人为的设计。直接导致的结果是，企业文化建设出现“突击”现象。

企业可以一夜之间设计出响亮的理念、口号，也可以印刷出漂亮的企业文化手册。两种方法都会产生同样的结果：在员工心里，企业文化、理念都是空白的。

正确的方法应该是，将两者结合在一起。

企业文化的建设过程就是企业生产经营活动的过程，不会独立于生产经营活动之外。突击式的企业文化建设只能让企业文化独立于生产经营活动之外，无法取得理想的效果。企业要有目的地设计和引导文化建设，并有目的地进行宣传和培训。因为，只有主动提炼、设计和引导，才能让自然形成的文化理念明晰化，让企业文化得到员工的深刻理解和认同。

同时，在企业文化建设的操作上，还要满足四个基本要求：具体的、可操作的，效果是可以衡量的、参加者是全员的。由此，完全可以以这四条要求为原则，按照“诊断—设计—强化”三个步骤，帮助企业成功进行文化建设。

步骤1：企业文化的诊断

企业文化的核心是企业精神。成功的企业精神或口号，能够让员工产生积极的、具体的联想，这种联想具有强大的激励作用。比如，说到“铁人精神”，立刻就会想到“铁人王进喜站在油池里，代替搅拌机在搅动原油”；说到“雷锋精神”，就会立刻想到一个解放军战士，抱着孩子，扶着大娘、打着伞行走在泥泞的路上……这些精神让人们联想起具体事件或人物的口号，爆发出了巨大的激励作用。

企业文化诊断的方法和原理是：把企业中高层管理者集中起来，把企业的理念逐句读出来，之后让大家把能代表理念的人物、事件说出来或写出来。如果多数人都能联想到代表人物或事件，且人物或事件相对集中，就说明企业文化得到了大家的认同。如果多数人无法说出或写出代表性的人物或事件，就说明企业文化和企业理念没有得到员工的认同，不会对员工行为产生指导作用。

步骤2：企业文化的提炼与设计

企业文化要从历史中提炼。在企业的成长发展中，通常都会沉淀一些支撑员工思想的理念和精神。这些理念和精神一般都包含在企业的发展过程中、隐藏在关键事件中，把隐藏在事件中的精神和理念提炼出来，进行加工整理，就能找到真正支撑企业发展的深层次的精神和理念，即企业的精神和理念。

按照这种原理，可以设计出提炼企业精神的方法。

（1）寻找 10 个全程参与企业创业到发展过程的人，每个人讲三个故事：在多年的创业历程中，你认为对企业发展影响最大的一件事是什么，你最难忘的一件事是什么，你最感动的一件事是什么？然后，让每个人再回答三个问题：你认为对企业贡献最大的是谁，此人最宝贵的精神是什么，你从他身上受到的最大启发是什么？之后，由专人将各个故事记录下来。

（2）把重复率最高的故事整理出来，进行初步加工，形成完整的故事。

（3）找10多个工作一年左右的员工，最好是大中专学生，讲故事给他们听。然后，对他们提问：这个故事你以前听说过没有，你听了之后，最深的感受是什么，哪个情节让你最感动、最难忘，这个故事体现了一种什么精神，用什么词来表达你的感受最合适？之后，将他们的回答记录下来。

（4）把专家和领导者集中起来，对记录的内容进行研究、加工，提炼出使用率最高的词。经过加工，这些词就会成为企业精神或企业理念。

（5）按照提炼出来的反映精神或理念的核心词，重新改编故事，在尊重事实的前提下，进行文学创作，写出集中反映核心词的企业故事。比如，提炼出“拼搏”一词，就要用一个故事来诠释“拼搏”的意义。

步骤3：企业文化的强化与培训

1. 制定管理制度

企业要发挥制度的强制性，让员工做出符合企业理念与价值观的行为，就要不断内化企业理念与价值观，最终变成员工自己的理念与价值观。

2. 对员工进行企业文化培训

培训中讲故事者，可以是领导、故事的当事人，也可以是专门的宣传员或专家，但不管是谁，都要按照事先的策划讲，要把故事中想表达的理念讲深刻、讲生动，使每个员工都记住、理解并主动向新员工讲解这些理念和故事。如此，只要故事流传起来，企业文化、理念、精神也就形成了。

3. 树立和培养典型人物

提炼和设计出企业文化并进行宣传培训后，有些人会直接认同并接受，并用理念做指导，做出具体行动。这些人就会成为企业骨干。

企业要把骨干树为典型，发挥他们的示范效应，使理念形象化，让更多的员工来理解并认同。具体方式是：①每个月都要让员工在部门发生的案例中找到一个最符合企业核心精神的案例，落实到文字，上报给相关部门；从各部门上报的案例中，筛选出一个最符合企业核心精神的案例，作为企业的典型案例。②年底，在这些典型案例中筛选出 1~2 个最能代表企业核心理念的案例，作为全年典型。

这样，随着生产经营活动的进行，企业积累的文化典型就会逐渐增多，员工对理念的理解也会逐渐加深；更重要的是，各部门为了找出更合适的案例，会主动按照理念的要求来处理具体事件，用企业的核心理念指导各项工作，使企业文化理念真正对行为产生影响，把文化建设与生产经营活动结合为一体。

通过以上三步曲的实施，企业就能形成“管理制度与企业文化紧密结合”的管理环境。在这种管理环境中，个人价值观与企业价值观相同的员工就会更加积极主动地工作，个人价值观与企业价值观不相同的员工也会被逐渐同化。这两种作用，会让这三个步骤成为一种非常有效的企业文化建设模式。

企业文化建设方法

数据显示，2018 年格力前三个季度的营业收入为 1486 亿元，与 2017 年同期相比增长了 34%。格力是如何获得这个成绩的？其实，只要从企业文化的角度，就能认识到格力的基因密码。

在格力的官方网站上，清晰地描述了企业文化内容。格力没有将企业使命、愿景、核心价值观等都写在员工手册中、挂在墙上，而是通过具体的行动来实践自己的企业文化。格力企业文化的内容有四点：

创新为本。格力把创新作为自己的核心理念。“格力电器”自成立以来，始终坚信“创新是企业的灵魂”，致力于技术创新，把“掌握核心技术”作为企业立足之本，推动企业增强自主创新能力，完善有利于自主创新的内在机制，制定正确的技术创新战略，促进企业成为技术创新的主体。在这样的核心理念驱动下，格力推出了一系列具备领先科技的创新产品……截至 2018 年，格力累计研发出 24 项“国际领先”级技术。

质量第一。在“2018 年中国质量协会年会”上，格力电器一举揽获 24 项大奖，成为获奖最多的中国家电企业。这些荣誉的取得来源于格力的企业使命：弘扬工业精神，追求完美质量。格力有句名言：“对质量管理的仁慈就是对消费者的残忍”，且将这句名言真正落实到了生产质量管理中。格力电器重视质量的修炼，从产品设计到采购、生产、包装、运输以及安装、服务等全过程，都进行了严格的质量控制。为了在设计开发的源头控制质量，格力电器要求经过“五方提出、三层论证、四道评审”，决不拿消费者做试验。对进厂的每个零配件，格力都要进行严格检测，合格后方能上生产线；在设计、制造、采购等环节，大力推行“零缺陷”工程，大大降低了格力空调的售后返修率。

坚守诚信。对消费者、对合作伙伴、对社会、对员工的责任心和爱心，是格力精神的核心。诚信，是格力电器的灵魂和宝贵财富，是其打造世界品牌的坚实根基。格力选拔人才的标准是“诚信第一”，如果员工的诚信出现问题，就会受到严惩；如果员工收回扣，一经发现，就会被立刻开除。对待合作伙伴和经销商时，格力也是“诚信”为先；对国家和社会，也强调诚信。

善待员工。格力认为，员工是企业的根本，只有善待员工，让员工充分享受到被尊重、被认可和归属感，员工才能跟企业形成“一损俱损，一荣俱荣”的利益价值链，与企业共存亡。格力不仅多次为全体员工加薪，还为员工建造公寓。

企业文化会伴随企业一起成长和发展，只要按照企业发展的阶段来建设企业文化，就能取得理想的效果。

在创业初期，鲜明地提出企业的价值主张就是企业文化建设，主要包括：企业倡导什么、反对什么、鼓励什么行为、讨厌什么举动，简单来说就是规定好企业的“三大纪律，八项注意”。

在企业发展早期，企业可以围绕核心的价值主张，让员工各自提出主张，比如，企业人才观、客户观、合作观、安全观、环境观、时间观、学习观等。方式有很多种，比如，让员工自己撰写、让员工搜集提交，企业汇总后，再分门别类，组织全员评选；如果某个主张被全员一致认可，就能纳入企业价值观念体系。之后，员工就能对自己感兴趣的观点写文章，或提供标杆人物事迹，展开活动。

在企业发展壮大阶段，不仅要丰富企业价值观念体系，还要丰富标杆人物事迹或典型案例，让企业文化建设有血有肉。最好每一条主张都有自己企业的故事，让内外都能感受到本企业文化的魅力和影响力。一旦积极健康的文化氛围、团结奋进的向上精神感染到企业的每个人，企业文化也就成了企业发展不可或缺的力量。这个阶段的企业文化就是成熟的企业文化。

显然，小企业一开始就搞企业文化手册是不合时宜的。只有当企业文化内涵相当丰富、标杆众多、榜样无数时，才能汇编成册。中小企业建设企业文化，可以按照以下步骤循序渐进：

（1）遵循并宣扬企业理念，使企业的主旨、愿景、战略、人才观、运营理念、行为准则和举动以及企业标语家喻户晓，并被员工所接受、认同，建立以企业精神为中心的理念，提高员工的向心力和凝聚力。

（2）制定并完善《员工手册》，下发并安排全体员工深化学习并遵循，使各项工作有章可循，使员工在思想上逐渐完成从“要我恪守”到“我要恪守”的提高，实现从“要我做”到“我要做”的跨越。

（3）推动 VI 识别系统，在工作区、住宿区悬挂企业的理念宣传标牌；在工作区域悬挂关于企业名称的铭牌；工作用品、形象宣传品、会议及招待用品、文件资料、电子杂志、信封、会议桌牌、标语、视板、工装、太阳帽等都要带有企业标志，并严格监督。

（4）抓好企业宣传栏、员工活动中心、企业报栏、阅览室等阵地的建设，营造稠密的企业文化建设氛围。

（5）兴办内部刊物，弘扬企业文化，建立一种积极向上的企业形象，增强员工对于企业的归属感，促进企业文化建设的健康发展；为了提高员工工作的积极性，对优秀员工进行奖励。

（6）倡导“没有任何借口”地履行文化，建立“必须履行、当即履行、深入履行”的理念，做到忠实企业、雷厉风行、注重进程、遵守大局。

（7）发挥党组织在企业文化建设过程中的作用，正确处理企业文化建设与员工思想政治工作、精神文明建设及企业日常管理工作的关系；利用企业舆论优势，建立正确的舆论导向，改变员工思维。

（8）开展符合企业工作需要的各类技术竞赛、文化娱乐活动，比如，营销策略竞赛、员工拔河竞赛、员工联谊晚会、元旦暨优秀员工颁奖晚会等，促进员工关系、提高员工工作积极性。

企业文化建设是一项重要的、长期的战略使命，要想抓出成效，必须长期坚持；在制定具体方案的过程中，既不能好高骛远，也不能搪塞敷衍，要严厉执行、认真监督、不断完善、与时俱进、开拓创新，建立科学的发展思维，构建具有高能量的企业文化。

第四章

企业战略文化管理

企业战略文化的内涵与现实价值

一、企业战略文化的内涵

所谓企业战略文化是指在正确理解和把握企业现有文化的基础上，结合企业任务和总体战略，认真分析现有企业文化的差距，建立企业文化的目标模式，规定企业某阶段应该确立的文化形象，促进企业不断发展。

狭义的企业战略文化主要是指，战略相关者对“做什么、如何做、由谁做”等战略构思与运作等命题的解答所持有的共同观念，可以解决企业在经营实践中遇到的根本问题。具体来说主要包括三层含义：

（1）企业从现在走向未来的文化。战略的前瞻性和文化的支撑作用决定着企业未来的发展走向，指导着企业未来的发展。

（2）全方位贯彻企业核心理念的文化。在企业的整体价值链中，核心理念贯穿企业发展的每个环节、每个分支、每个神经末梢。

（3）企业贯彻 SBU（战略业务单元）的文化。在企业中，有战术头脑的员工与有战略观念的经理间必须实现良性互动，使组织市场化。每个人都能从全局的战略角度对各种行为进行把握和定位，使每个人都来经营市场、经营自己，实现战略与战术的统一。

任何文化都是先有观念、信仰等，然后才能做出实现这些观念、信仰的行为，才能有为确保这些活动的正常开展而制定的制度和规范，才会产生与之有关的物质载体或物化文化。企业战略文化也不例外。

在空间上，企业战略文化的层次结构，一般可以分为战略精神智能层、战略制度保障层、战略实施行为层和战略成果器物层。文化必须以现实因素为载体，才能形成、传播和发展。因此，为了更深刻地了解战略文化对企业发展战略的影响作用，就要充分了解企业战略文化的“构成六要素”，即战略思维、发展方向、组织结构（战略构架）、资源配置、战略实施和战略保证。

二、企业战略文化的现实价值

随着世界经济的不断变化发展，企业要想获得生存与发展，就要具备较高的管理水平。完善的企业管理应是理性与人性的结合，仅凭外在的力量，是无法维系企业竞争优势的。不仅要加强核心文化建设，更要重视企业文化和企业战略管理的结合。

文化管理是企业生存的基础行为准则、前进动力、成功法宝，拥有优秀的企业文化，可以将自己的企业文化作为重要资源，将企业的发展远景以文化的形式渗透给员工，使企业战略从制定到实施得到可靠保证。

1. 企业文化是战略管理的基础

所谓战略管理是指，企业确定自己的使命，根据外部环境和内部条件设定企业的战略目标，为保证目标的正确落实和实现进行谋划；同时，依靠企业内部能量将这种谋划和决策付诸实施，在实施过程中进行控制。而企业文化则是指企业对于各种事务与资源的价值取向，是企业在实践观念指导下的共有价值观，是企业行为的指导性方针。

优秀的企业文化是企业经营战略制定并获得成功的重要条件，它能突出企业特色，形成员工的共同价值观，具有鲜明的个性，便于企业制定出与众不同、克敌制胜的战略。

战略制定是集体行为的过程，建立在员工共同拥有的价值观和信仰之上。其以组织员工的意愿为基础，以特定的企业文化为指导，是企业战略规划、制定和实施的基础。

2. 企业文化与战略管理的联系

为了保持企业文化与战略管理的协同作用，要全面了解文化对企业战略管理的作用，找到变革企业文化的方式。企业文化和战略管理的联系主要表现在下面三个方面：

（1）企业文化是一种强大的内在驱动力。企业文化是战略的一种推动力量，能不断提高企业效能、获利能力和生产力，成为一种强大的内在驱动力。文化能使员工了解企业的历史传统和现行经营方针，给员工提供一种对企业过去事件的合理解释，便于员工了解自己在未来类似事件中应有的表现。这一非制度因素，会以更加人性化的管理来约束管理者和员工的机会主义行为，推动企业战略的有效实施。

（2）企业文化有助于战略管理的推进。企业使命和价值观是构成企业文化的重要因素，能使员工认同组织的经营哲学和信条。企业战略的制定必然会受到使命的影响。企业使命定义了企业经营活动的范围和层次，表述了企业在社会经济活动中的身份与角色。企业文化的核心价值观引导企业将自身战略的制定建立在顺应市场和自身发展要求的价值理念基础之上。当员工认同企业价值观时，会认为自己为企业所做的努力是有意义的、有价值的，继而产生满足感，而这种满足感反过来又会促进员工对企业的加倍奉献。

（3）在企业战略设计、实施中，企业文化能稳定组织。企业文化引导了员工的态度及行为，能够让员工接受企业规范；规范，能够引导员工表现出企业所期望的行为。从时间上来看，企业战略控制可以分为事前控制、事后控制和随时控制。事前控制要求，在战略实施前，要设计正确有效的战略计划，保证战略计划的设计与企业文化相协调，若两者出现偏差，企业文化会发挥出自己的调节作用保证事前控制顺利进行。企业文化对战略控制的作用更显著地表现在对事后控制的调节上，从企业精神出发，充分发掘员工的自我控制和自我调节能力，运用人性化的方式进行调节，就能减少战略实施过程中人员之间的摩擦等沟通成本，促进战略在企业内部的实施。

3. 企业文化对战略管理的消极作用

企业文化对战略管理的消极作用主要体现在：

（1）引发很多新矛盾。企业现有的文化已经难以适应社会的发展和企业进步。为了更好地适应外部环境，很多企业都在实行新战略，原有的企业文化需要改变。而原有的企业文化已经在企业内根深蒂固，突然转变，会引发很多新矛盾，多半都会遭遇较大的阻力。

（2）少了创造力。员工有着不同的文化背景，本身存在很大的差异，虽然这种状况会刺激组织实现企业的多方发展，但员工接受强势的组织文化时，就会自然而然地接受这种文化，在行为上趋于一致，自身特点被遮盖，企业也会形成单一的环境体系，缺少建设性的声音和意见，员工也不会花更多时间来更新和完善企业内部管理，创新力也几乎为零。

（3）增加企业的支出。组织的各层次间有文化差异，一旦总体战略下达到各部门，就会出现不同程度的冲突和矛盾，继而降低整个部门的整合程度，更会阻碍企业战略的实施；企业实施的这种分工，会让组织文化出现分裂，甚至还会形成次级文化。企业的战略管理，不仅能将企业内部的各种文化统一起来，形成统一的发展理念，还能协调各部门出现的分级情况，但这都需要企业支付相当的成本，还要对具有冲突倾向的部门进行一定的思想调整。

企业战略文化管理之要以育人为本

如今的企业管理以人为中心，人力资源是企业最宝贵的资源。

人力资源具有的创造性和可持续利用性是世界上任何一种物质资源都无法比拟和替代的。通用汽车公司前总裁史龙·亚弗德说过：“你可以拿走我的全部资产，但只要把我的人员留下，五年内我就能把所有失去的资产赚回来。”这就告诉我们，物质资产易得，人力资源难求！因此，如何尊重人、爱惜人、发挥人的潜力，是管理者必须认真对待的问题。

1. 尊重员工的主体意识

如何尊重员工的主体意识呢？可以从以下三方面做起。

（1）要有意识地为员工提供条件。要为员工创造机会，让他们每个人都有用武之地，能人尽其才。为了达到这一目的，可以开展摄影、美术、书法等各种比赛，展览、联欢等丰富多彩的文体活动，提高员工的生活情趣，陶冶员工的精神情操，增进员工的感情交流。

（2）要充分肯定员工的主体作用。管理者要努力创造条件，既能使员工意识到工作结果对自己的意义，并为之奋斗；还要让他们知道，自己的奋斗对社会或企业的重要意义，并鼓励为之效力。员工主体意识得到了尊重，就能充分发挥自己的能力、努力实现自己的价值，激发出无尽的劳动热情。

（3）要满足员工的合理需求。心理学家认为，个人的行为都有一定的目的和目标，该目的或目标都是满足需求欲望。人的需求是多方面的、多层次的，最基本的需求是物质需求。管理者必须关心员工的物质利益，努力帮助员工解决好、住宿、食堂、医疗、劳动条件以及婚姻等方面的问题。人是一种利益主体，相对于物质待遇，很多员工更看重精神上的尊严和自我价值的实现。管理者要认真观察，用一个微笑、一声问候、一句话语，温暖员工的心。

2. 提高员工的献身精神和忠诚度

员工是企业生产力的能动因素，是从事生产、经营活动的主体，能够为企业创造巨额财富。管理者要有效地开发人力资源，从人性的角度出发，对员工的行为进行研究和探讨，铸造员工对企业的献身精神，提高员工对企业的忠诚度。

在以市场为导向的生产经营活动中，管理者不仅要知道如何用人，更要懂得如何使人为你所用。为了研究和探讨员工在自己思想和心理因素支配下表现出来的外在行为，管理者必须树立现代“双赢”的价值观。比如，在私营企业里，企业主与员工的关系是一种劳资关系，获取利润依然是企业主的直接目的。但是企业主必须同时兼顾自身利益、社会利益和员工利益，并以此作为私营企业的宗旨，才能保证企业的生存和发展。

管理者要树立“双赢”的价值观，摒弃不适应时代、不适应现代经营、不适应国际化大生产、制约企业发展落后陈旧的管理意识和管理方式；自觉地接受先进的管理理论和现代化管理方法；自觉地了解、尊重和满足员工的物质和精神需求，保障员工的合法权利和正当利益。

从员工的角度说，只有自身权益在企业得到体现和保障，才能对企业产生向心力和忠诚度，才会从根本上意识到自身业绩和企业效益与前途的直接联系。只有这样，员工才能在心理和行动上与企业同甘共苦、荣辱与共，不遗余力地为企业做出贡献。也只有这样，企业才能有凝聚力，才能团结一致地抵御经营风波和风险。否则，只要一有风吹草动，便会出现“树倒猢狲散”的局面。

制定企业发展目标时，管理者要努力构建一种公开、透明、参与的机制，让员工了解并认同企业的发展目标，自觉地将企业目标化为自己的目标，并为实现这一目标而同心协力、自觉奋斗。

管理者还应通过一定的方式，让员工知道企业在实现目标的过程中遇到的困难和相应的对策，广泛组织员工参与企业决策的讨论，听取他们的意见和建议。如此，既能集思广益，又可以增强员工对企业的归属感。只要员工真切感受到到企业的兴衰成败与自己息息相关，就会形成对企业的深刻依附感，并在潜移默化中内化为自己的价值观，实现与企业目标的一体化，自觉地奉献自己的力量，最终成为企业的“命运共同体”。

3. 不断激发员工的创新精神

员工只有具备创新意识，才能推动新产品的出现，才能开拓新市场，实现新价值，促进企业不断发展壮大，因此要想激发员工的创新精神，就要认真辨别沉淀在员工心灵深处的文化影响，取其精华，去其糟粕，实现员工思想观念的更新。

将我国传统文化的勤俭节约、吃苦耐劳、善良朴实和勇敢顽强等优良品质发扬光大，而对造成我国企业创业冲动羸弱、进取意识薄弱、开拓精神不足的某些传统文化，诸如封闭的思想观念、中庸的个人行为，以及错误的用人标准等，应坚决摒弃，摆脱其束缚。

如今，企业内部在人力资源的开发与管理上存在很多问题，管理者必须彻底改变传统的经营观念和人才意识，以科学的人力资源管理理论为指导，建立合理的制度化、人性化的现代管理机制，培育优秀的企业文化，努力激发员工尤其是科技人才的创新精神。

企业，尤其是民营企业要重视科学分工，改变“老板说了算”的作坊式管理方式，按照分工履行职责。

要建立科学的人才选拔机制，打破家族界限，给人才提供平等的竞争机会，让懂管理、善经营的人才担任企业要职。

要依法建立劳动用工制度，用劳动合同来规范劳资双方的权利、义务，明确劳动职责、劳动时间和基本报酬标准，依法落实员工的社会保险；要尊重和满足员工的自尊心，建立与员工的对话制度，改善沟通，及时听取员工的意见与建议。

要建立科学的业绩考核体系，强化管理，控制成本，提高效益，鼓励员工积极参与企业管理，努力培育团队精神。

总之，只有通过不断地创新，企业才能永葆生机。

4. 为优秀人才构筑施展才华的舞台

管理者是企业的优秀人才，在一定程度上主宰着企业的兴衰。管理者一定要摆正自己与优秀人才的位置关系，要把优秀人才看成与自己地位对等的高智力所有者，自己与优秀人才之间不仅是雇佣关系，更是出资与出智的平等合作关系。

当优秀人才晋升到一定的管理岗位时，相应的权力就成为他们最大的需求。任何优秀人才都不想在企业中成为局外人，都不希望仅仅站在经营第一线，都想在第一时间精确地了解企业的经营动向和高层决策，并能够参与经营决策。

管理者必须思想开明，重点抓好企业的发展战略规划和人才培养。要努力向韦尔奇学习，使用合适的手段选择优秀人才，为他们构筑施展才华的舞台，给他们提供足够的空间与权力，放手用人，让优秀人才实现自我价值，满足优秀人才的自豪感与成就感，提高优秀人才的企业忠诚度。事实表明，授权是管理者重视和信任优秀人才的最佳表现，也是企业有效留住优秀人才的关键举措。

构筑优秀人才施展才华的舞台，还要重视人才的教育培训，帮他们实现自我成长。知识经济时代科技发展日新月异，无论什么样的人才都希望不断充实自我、跟上时代发展的步伐。进行有效的教育培训，积极帮助员工进行自我完善是提升优秀人才企业忠诚度的一项极为重要的工作。

实践证明，人才的教育培训是最有效的企业投资，不仅可以使企业以极小的投入换来极大的收益，更能通过能力的提升让员工看到希望，做出更大的贡献，更加忠实于企业。

同样，企业还要建立学习型组织，让学习成为连接企业与人才互相沟通、彼此促进的工具；建立鼓励集体学习的制度，努力培育精英团队，使学习成为员工的自觉行为，主动按照企业发展需求进行相应的自我提高，让每个人都能通过交流学习收益更多、进步更快，从而产生工作的自豪感、快乐感，在不知不觉中形成凝聚人才的企业磁场。

5. 构建有效的激励与约束机制

企业要想坚持“以人文本”，就要因地、因企、因人、因时而异，建立起一套动态的员工激励与约束机制。具体方法如下表格所示：

方法	说明
进行利益激励	在经济较发达地区或生产经营较为稳定的企业，可以实行员工持股制，将企业的经营成果与员工的经济利益紧密地结合在一起，促使员工自觉地关心企业的经营决策，想办法为企业排忧解难，努力为企业贡献力量。在经济尚不发达地区，企业可以实行单位产品工资制，让员工亲眼看到自己的劳动所得
重视情感激励	现代管理学认为，开发人的潜能最有效的方法就是感情投资，管理必须尊重人的本性，要有人情味。管理者要多关心下属、多关怀员工，在他们遇到挫折时，要真诚地给予同情与鼓励；在他们遇到困难时，要切实提供力所能及的帮助。因为现代西方管理学早就告诉我们，成功的管理者20%靠的是工作能力，80%靠的是人际交往能力
实行末位淘汰制	任何事物都有正负两面，不仅包括正面激励，也需适当的负面约束。为了激励员工，就要定期对员工进行考核评价，优秀的给予奖励、提升，最差的予以淘汰，让佼佼者永远立于不败之地，不求进取的人最终只能被淘汰，促使员工整体素质不断升级换代

需要指出的是，构建有效的激励与约束机制必须把握好一定的“度”。激励与约束的目的是引导员工将自己的全部精力投入进去，一旦激励不足

或约束过度，就会降低员工的工作满意度，继而增加员工的流失率，危害到员工队伍的稳定，更不利于吸引和留住优秀人才；而激励过度或约束不足，又会让员工变得自满或懒惰，降低他们的工作积极性与创造性，增加企业的运行成本。因此，只有对员工进行适度的激励与约束，才能促进企业的发展。

企业战略文化管理之做到思维为先

俗话说:“商场如战场。”企业之间的竞争是没有硝烟的战争，在真正的战争中，只有对国际形势和敌对双方政治、军事、经济、科技、地理等诸因素的分析判断准确，才可能取胜。也就是说，战略运用是战争决胜的关键。对现代企业来说，同样如此。企业的成功就是战略运用的成功，是管理者战略思维的体现。

战略运用对企业的发展如此重要，那么管理者该如何培养战略思维能力呢?

1. 明确战略目标

只有先确立了明确的战略目标，才能围绕这一目标做事。不论是想提高销量，还是想增加市场占有率，或是想打开品牌知名度……总之，目标越明确、越具体越好，战略行为就越有针对性和可控性。

2. 战略要有可执行性

任何战略最终都要靠实际行动来完成，所以战略的每个环节都要具备可行性。企业管理者要具有严谨的逻辑思维，保证战略从始至终都具备良好的可执行性。世界上没有完美的策略，只有完美的配合。各部门之间工作配合，应该起到互相促进的作用，共同推动目标向前、向更好的方向发展。

3. 对市场具有洞察力

所谓认知市场，就是彻悟某个行业之后产生的深度洞察力，比如，目前发生了什么、与历史相似之处和不同之处在哪里、国际形势如何、国内形势怎样等。形势分析要有理有据，要用优势来消除阻碍，要预见到竞争对手将要做出哪些举措和应对之策；在利用公司有限的资源和精力实现重要目标时，还要放弃一些目标。

4. 做好调查分析

通过调查分析，能够确定当前形势中的关键点，把复杂的事情简单化。此外，还能找出在实现目标过程中应该解决的问题，并制定解决对策，比如，销量不好，是产品问题，还是客户问题，抑或是销售员的问题？为什么会存在这些问题？对哪方面进行改进最能解决这个问题？要将现有的资源组织在一起，进行无限发挥，用低投入实现高产出。

5. 进行必要的结果预测

制定了战略之后，要进行必要的结果预测，并做好相应的风险防范。比如，达不到预期效果，怎么弥补？失败了，怎么办？竞争对手出奇招，如何应对？市场竞争激烈的原因是什么……做好风险防范，以便扬长避短，准确锁定产品的优势，挖掘出隐藏在形势下的潜在机遇，对机遇的价值与风险做出准确评估，深入研究可能引发的多重问题，挽回局面。

6. 确保行为的连贯

为了处理调查分析过程中出现的问题，各种行动之间应该具有连贯性。因为连贯性行动是一套组合拳，见招拆招，不仅可以用最少的资源解决问题，还能有效防止竞争对手跟进。

首先，要制定一份总纲要，根据总纲要分成若干个步骤，在具体执行每个步骤的过程中，如果遇到的困难，就要积极寻找解决方法，以便为下一步做铺垫。

其次，要正确判断对手的未来计划，采取有效的措施将对手的优势变为劣势。

企业战略文化管理之“匹配为重”

企业文化是成功实施企业战略的重要支持，在创建企业文化时，必须满足战略实施的需要，综合考虑战略类型、行业特点、管理风格、产品或服务特性等各因素。

这里主要介绍一下与进攻型、防守型、撤退型等企业战略相匹配的企业文化。

1. 防守型战略的企业文化

实施防守型战略的企业，为了应付竞争对手的挑战，会规避激烈的市场竞争，投入的资源也仅够用于维持现有的竞争地位，这类企业希望取得稳定发展，懂得以守为攻、后发制人。如此，企业文化会更加稳重和严谨，关注管理细节，鼓励员工遵守纪律、循规蹈矩、审慎行事、勤勉敬业，强调严格控制和高度规范化、秩序化和标准化。

这种类型的企业文化具有以下特点：

（1）企业内等级层次分明、正规刻板；

（2）办公室秩序井然、严肃寂静；

（3）人员之间彬彬有礼、和气有加，经常使用技术或行政称谓；

（4）具有众多反映身份和地位的标志；

（5）行动缓慢、谨慎；

（6）重视计划、程序和时间性；

（7）决策一旦制定，就要坚决执行；

（8）员工尊重对方意见，少有观点争论；

（9）管理者在职责范围内提出的建议能得到重视并付诸实施，不会容忍下级不服从上级的现象；

（10）权力受到高度尊重，尽量避免冲突；

（11）根据个人实际完成工作情况和私人背景确定员工职位和收入水平。

2. 进攻型战略的企业文化

实施进攻型战略的企业，要通过技术开发、产品开发、市场开拓、生产扩大等策略不断开发新产品、新市场，掌握市场竞争的主动权，提高市场占有率。如此，企业文化应当以“持续创新”为核心，要营造一种尊重个性、鼓励开拓、不怕失败的宽松氛围。

这种类型的企业文化通常包括以下特点：

（1）员工等级身份模糊，行为随便，不拘小节；

（2）员工具有高度的冒险精神，敢于承担重任；

（3）企业为员工营造了一个高效的、斗志昂扬的、渴望成功的环境；

（4）企业重视个人的协调能力。看重员工在不确定的社会环境中完成工作的能力；

（5）在实施决策前，对重要问题都会取得共识；

（6）企业鼓励员工独立思考、锐意进取，并善于采纳普通员工的合理建议；

（7）企业对因各种创新而给组织带来良好效果的员工，予以高度评价与赞扬；

（8）高度重视积极性冲突，鼓励员工积极参与，为自己的意见进行激烈的辩论；

（9）职位与收入严格与个人实际工作绩效挂钩。

3. 撤退型战略的企业文化

实施撤退型战略的企业一般都处于竞争中的不利地位，或者其产品处于衰退期而严重滞销，或者其财务状况恶化等。为了解决这些问题，企业不得不将一些眼前利益舍弃，来应对严重的竞争威胁。

通常长期在某部门工作并参与某种产品生产与销售的员工，遇到部门或产品被撤销的情况时，可能会因此而失去工作，多半都会抵触撤退型战略。此时，如果企业不能用恰当的形式来回报员工以往的贡献，不仅会助长他们的不满和抵触情绪，还会对员工士气造成巨大影响，进而影响企业战略的实施。更糟糕的是，还可能破坏企业长期以来形成和保持的文化氛围。

从企业外部来看，企业与供应者、合作者、消费者之间的信任关系，需要通过长期努力建立。因此，企业在实施撤退型战略时，必须处理好这些关系，努力保持良好的企业形象，避免出现一些不必要的负面影响。

如果想实现自己的战略目标，实施撤退型战略的企业就要设立适合自己的企业文化，在企业内部营造人心安定、士气不减的氛围，使企业继续保持良好的公共关系和企业形象。

企业战略文化管理之建立完善体系

什么是战略？从广义角度来说，所谓战略就是面对激烈竞争的经营环境，为了得到持续的竞争优势，在充分考虑企业内部资源和能力的基础上，确立长期发展目标。而所谓的战略管理则是，为了企业的长期生存和发展，分析企业外部环境和内部条件，确定和选择企业战略目标并进行谋划，依靠企业能力付诸实施。

进行有效的战略管理，不仅能帮企业制定中长期发展战略，保障企业战略的贯彻和实施，确保战略目标的实现；还可以通过对战略的制定、实施和成果的评估和监控，促使企业沿着科学的战略方向不断发展。

什么是战略管理体系？是企业制定、实施战略进行的各种管理活动和组织保证体系、工作流程、IT 系统的统称，是企业进行战略管理的必备要素的集合，它回答了企业战略管理应该“做什么”“谁来做”和“怎么做”三个根本的问题。

企业战略实施，共包括四个互相联系的阶段，如下表所示：

阶段	说明
战略发动阶段	如果想充分调动多数员工实现新战略的积极性和主动性，就要对管理者和员工进行培训，给他们灌输新的思想、新的观念，使多数人逐步接受这种新战略

（续表）

阶段	说明
战略计划阶段	将经营战略分解为几个战略实施阶段，每个战略实施阶段再设定分阶段目标，再配以各阶段的政策措施、部门策略和相应方针等。之后，对各分阶段目标进行统筹规划和全面安排
战略运作阶段	与这一阶段有关的因素有：各级领导者的素质和价值观念、企业的组织机构、企业文化、资源结构与分配、信息沟通、控制和激励制度
战略的控制与评估阶段	战略需要在变化的环境中实践，只有加强对战略执行过程的控制与评价，企业才能适应环境的变化，完成战略任务。这一阶段的主要工作有：建立控制系统、监控绩效和评估偏差、控制和纠正偏差

第五章 企业人本文化管理

企业人本文化的实质与功能

“以人为本”并不是简单的嘴上说说，而是需要坚决执行。著名企业欧莱雅就是这样做的。

在欧莱雅（中国），法国文化中对人的关怀、对生活的重视、富有创意等特点都被发扬光大：欧莱雅相信员工，上下班不用打卡；鼓励员工内部流动，为员工提供更多的发展机会；关心员工生活，每两个月就会发一次产品福利；提供各种培训，建立员工内部工作网络；营造国际化的工作环境，激发员工的创造力。

欧莱雅对员工的责任心，从招聘就已经开始。从招聘环节，欧莱雅就开始考虑员工未来的发展。招聘的时候，欧莱雅会考虑应聘者能否胜任其他工作；而且，还会从校园开始寻找、培养 CEO 的备选者。

在员工工作安排和培训提升等方面，欧莱雅有着很大的灵活性，鼓励员工的内部流动。比如，在职业转向时，欧莱雅会先评估员工要求的合理性和可行性，不会任由员工冲动行事。公司既会考虑员工的职业兴趣，也会考虑可能提供的职业机遇。重要的是，公司会留意员工的国际化职业发展需求，将合适的机会给合适的员工。

在员工的晋级和发展等方面，欧莱雅不会论资排辈，招聘新人的时候，不会仅仅为一个工作岗位而招聘他，还会考虑到能否能胜任其他工作。通常，富有创造力、想象力和主动性，敢于承担风险和责任的人，会有更多的机会。欧莱雅设立了完整的培训与发展体系，每到年中，欧莱雅都会对员工进行评估：员工的工作情况如何、员工未来需要发展的方向、发展后会达到什么目标、如何帮助员工进步等。评估之后，再对员工的情况进行分析和总结，以此来确定培训需求和培训计划。

欧莱雅设有跨文化培训。如果有人从国外来到中国，欧莱雅就会安排一个中国文化方面的专家对他进行一星期的培训，让对方了解中国文化和中国习俗。欧莱雅还会在内部开展跨文化培训，让不同国家的员工了解彼此的文化。

在人性化关怀方面，欧莱雅认为，人是最重要的。欧莱雅以人为本，关注员工的需要和期望。比如，每两个月会给员工发放一次产品，从巴黎欧莱雅到碧欧泉、小护士、薇姿、兰蔻等，各品牌都有。

坚持“人本文化”，在企业的生产经营过程中，无论是在物质创造，还是制度制定，或其他各种活动，都是以“人”为承载体。

企业人本文化既是一个外延很大的范畴，又是一个体系宽松的框架，出现了多种学说和学理。虽然各家各派的理解存在不同，但对其基本功能的理解却基本一致，即企业利益的群体认同、成员的群体亲和力或凝聚力、企业发展的群体创造精神。

由此可见，企业人本文化的实质就是企业的利益整合文化和价值整合文化。要想知道在现代市场经济的企业活动中为什么会出现利益整合和价值整合的问题，就必须了解企业和企业人的本体价值。

一、企业人本文化的实质

从本质上来说，企业人本文化就是，以企业的管理哲学和企业精神为核心，激发员工的归属感、积极性和创造性；企业要为员工创造可持续发展的成长环境，在追求自身可持续发展的同时，也要兼顾员工的可持续发展。

企业要将员工培训和企业文化联系起来，从细处着眼，从点滴做起，加强理论实践，全方位培育员工的归宿感和使命感。员工的全面成长，是企业发展的强大后续动力，能够推动企业现代化管理步入良性循环的轨道。

要想建设企业人本文化，就要从以下两方面入手。

首先，要根据企业的发展实际，制定长期的发展愿景和战略规划，使企业与员工树立共同的奋斗目标，确立“企荣我荣，企兴我兴”的主人翁意识，增强员工对企业的归属感和责任感，激励他们努力工作，为企业的发展壮大做出贡献。

其次，要正确地分析面临的形势和任务，引导员工增强危机意识、风险意识、竞争意识、市场意识和团队意识，激发员工积极进取，奋力拼搏，用文化约束自己的言行，用优异成绩维护团队形象，实现公司的良性管理，提升管理的科学性，推动企业可持续发展。

二、企业人本文化的重要理念

企业文化创新要符合时代特点和要求。如今我国最重要的时代特点是，倡导科学发展观和推进全面建设社会主义和谐社会，其核心理念就是“以人文本”。这种趋势具体表现为七个重要理念。

1. 市场是生态系统

传统企业把市场当作战场，而先进企业则把市场当作生态系统，具体差别主要表现在以下三个方面，如下表所示。

差别	说明
单一性与多样性	传统企业文化要求员工穿统一服装、具有相似的成长背景、严格遵守企业规章制度；而先进企业追求的是多样性，追求多样化的看法、意见、产品、流通渠道和合作伙伴
以现有事业为主、追求新机会	传统企业组织的目的是，保护现有事业并追求利润最大化，很容易舍弃新机会。而先进企业则会不断追求新机会，企业组织的目的是创造新产品和新市场、抛弃旧产品和旧市场
敌对文化与共生文化	对传统企业来说，做企业就是分胜负，将竞争对手或客户当作征服的对象。而先进企业则认为，企业需要要与客户、供应商、竞争者等共存共生，企业要最大限度地利用市场缝隙。各企业与之间不是战争关系，市场也不是战场，与更多的企业建立合作关系是企业快速成长的重要条件

2. 企业是人的集合体

传统企业文化与人本企业文化的根本差异还在于，前者是物本主义，后者是人本主义，具体表现在：

（1）非人性化与人性化。在传统企业文化中，系统比个人重要，员工只是企业这架机器的零部件。而在先进的企业文化中，个人比系统更重要，创意和热情是企业利润的源泉。

（2）排斥人力与人才开发。对传统企业来说，最理想的状态是由自动化机器系统和 CEO 组成的系统。而先进企业则重视人才开发，员工是企业最宝贵的财富，多对员工进行教育和训练，就能增加价值的创造。

（3）隔离与关联。在传统企业中，员工与企业目标无关，只要付出能够避免被解雇的最低限度努力即可。在先进企业中，员工对企业目标有了共识，企业目标的实现与否与员工个人利益密切关联，为了实现这一目标，他们会尽最大努力。

企业是个人梦想和组织目标密切相连的人的集合体，员工都会为了实现企业目标而奋斗。员工都希望团队成功、同事成功和企业成功。员工的角色发生了根本性变化，员工的积极性和创造性得到充分发挥，企业就会创造出惊人的业绩。

3. 管理是服务

传统企业文化与和谐社会的人本企业文化对市场的认识上有着根本性差异，对企业管理职能的认识也存在很大的差别，具体表现在以下三个方面。

（1）盲从性与创造性。在传统的统治文化下，即使设计出更好的方案，有更好的方法，也要无条件服从上级的意见。而人本企业的服务文化下，推崇创造性，允许用多种创意、多种方法解决不同的问题。

（2）有自主权与无自主权。在传统企业中，权力集中在最高经营者手中，各团队不会因为履行的是具体业务而影响整体效率。而在先进企业中，必要的权限都会被下放到给业务部门，决策更加及时和准确。

（3）僵化性与柔性。在传统企业中，统治文化必然会带来反抗，反抗还会带来更严格的控制，导致组织系统的日益僵化。而先进企业追求的柔性，重要的决策权都被下放到各个业务部分，可以灵活决策，应对自如。

管理者的一大任务是，为员工设定业务方向，并为他们提供必要的资源。经营者不是统治者，而是引领者。

4. 员工是同事

传统企业把员工当作儿童，而先进企业把员工当作同事，其差异如下表所示：

差异	说明
好员工的标准差异	在传统企业中，好员工的标准是：遵守各种规章制度，听从上级指示。在先进企业中，好员工的标准是：有活力、能合作、有贡献
组织上的差异	在传统企业中，组织的结构适合管理者控制和监督员工；而先进企业的组织是在企业战略指导下，各团队完全自主决策
激励手段的差异	传统企业认为，通过工资、职业稳定性和企业关怀，可以达到激励目的；在先进企业中，员工为自己的创造性劳动感到自豪，并希望分享经营成果

先进企业的员工都是企业最宝贵的财富，不管是简单劳动，还是复杂劳动，都要追求卓越；员工都要对自己的命运负责，都会尽其所能。如此，就与把员工当作儿童的传统企业形成了鲜明对照。

5. 激励来自前景

传统企业与先进企业，对人的认识上存在根本差异，对如何激励员工，有着完全不同的认识。如此，就在人际关系和工作态度上出现了明显的差异。

（1）求稳与求进。在传统企业中，员工害怕承担责任，只追求有“把握”，不追求“开创性”。先进企业企业中，为了实现共同目标，必要时员工都敢于冒险。

（2）互相不信任与互相信任。在传统企业中，上下级和同事彼此间敌对和不信任；先进企业企业中，有着共同理想的同事可以互相交流、共享成果、互相信任。

（3）回避与决策。在威胁型组织中，员工都会按照对自己有利的方向修改或省略信息，回避责任，掩饰自己失误；在前景文化下，大家目标一致，很容易达成共识，做出及时且正确的决策。

在先进企业中，员工都知道企业发展的方向和战略；为了实现企业战略目标，他们会努力做贡献，也会得到相当高的回报，因此工作也会充满活力。

6. 变化是成长

传统企业文化与先进企业文化对变化的态度存在根本差异，具体表现在：

（1）对企业精简态度的差异。对传统企业来说，精简机构和人员是痛苦的，会尽量延迟。而先进企业则敢于减肥，能够不断适应变化的环境。

（2）产品开发速度的差异。在传统企业中，新产品开发要经过无数的批准过程，进程缓慢，大都不能及时开发。先进企业始终追求变化，产品开发迅速及时。

（3）组织再造的差异。传统企业不会轻易变动组织结构，对外界变化不敏感。在先进企业中，组织结构是柔性的，没有再造的必要，只要需要，就能随时组建新的团队。

7. 工作也是娱乐

在传统企业与先进企业中，员工的地位、员工与企业的关系完全不同，对待工作的态度自然也就完全不同。

（1）工作枯燥与工作有活力。在传统企业中，人们对工作没有感情，没有创造性，认为工作无聊和枯燥。在先进企业中，企业充满活力，工作完全是一种享受。

（2）过度疲劳与健康工作。在传统企业中，员工工作过于劳累，会不时地出错。而在先进企业中，工作也是一种娱乐。员工享受工作，不会感到疲劳，健康状态良好，生活质量较高。

（3）包袱意识与挑战意识。在传统企业中，员工都觉得工作是人生的沉重包袱，都想尽早摆脱掉，为了把更多的工作推给下级，管理者会要求更多的权力。在先进企业中，每个人都有挑战意识，人们对新创意和市场机会感兴趣，因为创新更有挑战性。

文化管人，就是人本管理

人本管理是把员工当作企业最重要的资源，综合考虑员工的能力、特长、兴趣、心理状况等，来为他们安排最合适的工作；同时，在工作中充分考虑到员工的成长和价值，使用科学的管理方法，通过人力资源开发计划和企业文化建设，充分调动员工在工作中的积极性、主动性和创造性，提高工作效率、增加工作业绩，努力实现企业的发展目标。

所谓人本管理是指在有组织的活动中，从人性角度出发来分析问题，以人性为中心来进行管理。21 世纪管理领域里最大的难题就是对知识型员工的管理，在信息大爆炸的时代，员工有很多获取信息的渠道，每个员工都可能成为知识型员工。为了对他们进行有效的管理，管理者可以从以下六方面入手：

1. 建设学习型组织

要鼓励员工接受培训，并为员工建立详细的培训档案。通过系统的培训，让员工不断地提高；同时，要让他们养成学习的习惯。

2. 给员工保险和福利

为了让员工安心工作，企业要尽可能地为员工谋福利。除了国家规定的保险和休假等福利，管理者还要拓宽思路，比如，节日慰问、弹性工作制等。

3. 帮员工做好职业规划

每个人都想获得发展，企业更应该乐于看到员工的这种积极性，且要努力帮员工去寻求发展，帮助他们去规划自己的职业生涯。要知道，只有员工不断提高，企业才能跟着水涨船高。

4. 激发员工的使命感

拥有使命感的员工通常都是最具能动性的员工。要想激发他们的使命感，首先就要让员工融入企业之中，给员工以归属感，让员工认可企业的目标且愿意为之奋斗。其次要让员工明确企业的愿景，并委以重任。

5. 加强成员沟通

企业要设立一个通畅的交流沟通系统，鼓励员工说出自己的想法。沟通的方式有许多，比如，BBS、工作午餐会、内刊等。在内部论坛里，要坚持匿名发言、永不删帖的原则。为了帮企业及时发现问题，企业要给员工创造一个畅所欲言的环境。

6. 关注绩效与薪酬

绩效的评估方式有许多，比如，KPI、BSC、EVA 等，管理者必须明确自身的情况，并根据自身情况来制定相应的绩效评估系统。在发放薪酬的时候，要关注这样三个重要问题：（1）什么时候发。（2）给多少。（3）什么理由给。只有将这三个问题搞清楚，才能让薪酬达到最好的效果。

"以人文本"是企业文化管理的核心和主导

好市多，是一家美国的会员制连锁零售企业，在全美有着极高的影响力，在零售企业中，仅次于沃尔玛。好市多企业文化中最大的亮点就是"以员工为中心"，下面我们就从以下四个方面进行说明。

高薪酬，好福利。首先，在美国好市多的员工薪酬是行业内最高的，连美国前任总统奥巴马都称好市多是"一个伟大的雇主"。其次，好市多为员工提供了最好的健康福利。有了物质和健康保证，员工工作起来自然就会更加积极。

减压，内部提拔。虽然面临着很多挑战和压力，但好市多一直都坚持"以员工为中心"。在工作中，好市多不会让员工感受到来自工作业绩的任何压力，还会通过内部提升和长期培养机制，让员工感受到企业为自己提供的多种发展机会，好市多很多领导就是从最底层慢慢提拔上来的。

信任员工。好市多充分信任员工，从来不会将员工当作"小偷"来防范；信任员工，让员工承担更多、更大的责任。感受到企业对自己的依赖，员工士气高涨。这种信任文化，不仅给了员工巨大的精神激励，也让员工有一种别样的满足感。

感恩节不营业。感恩节，好市多会给全员放假，让员工跟家人和朋友一起过节。好市多不会将员工当成机器，把他们当"人"对待，给他们以尊重和关怀。

优秀的企业文化，并不是看领导说得有多动听，而是看企业做得有多动人!

以员工为中心的企业文化，定然会降低企业的人员流动率。虽然在好市多，人工费用占了企业预算的70%，但所有的投资都是值得的、有回报的。比如，减少招聘和留住员工上的开支。同时，通过这种企业文化，员工还能拥有较高的满意度和忠诚度，为顾客提供良好的服务，同时感受到自己的快乐和幸福，从而提高顾客的忠诚度和回头率。一旦形成良性循环，就能为企业带来源源不断的利润。

“以人为本”是企业文化理论和实践的核心与精髓。在企业文化建设中，实施“以人文本”，应注重以下五个环节：

1. 做好文化沟通

随着经济的全球化趋势，跨文化管理成为企业管理的新趋势和新课题。不同文化背景下，员工之间的文化认同和文化融合，是参与国际合作与竞争的前提。企业应以强烈的进取心，坚持“博采众长、以我为主、中西合璧”，大力推动企业走向世界。

2. 以文化为主导

管理的主导要素由资金、技术、制度等传统要素逐步向文化转变，是管理学发展的一个重要趋势。在现代社会，经济因素与文化因素联系得更加紧密，企业管理软性化、柔性化也是一大趋势。实践证明，文化建设是企业管理变革的基础平台，企业的生存、改革和发展必须以先进的企业文化为主导。

3. 营造好的人文环境

企业文化理论在某种意义上说就是“人化”理论，要通过企业中的软要素——文化，提升企业的人文价值，提高员工的综合素质，使企业的经营管理更适应人文进步的现代社会。为了调动员工的积极性，就要营造一个适宜的人文环境，形成人企合一的人文氛围；要培养员工先进的文化意识，提高员工的综合素质，极大地发掘员工的潜力。

4. 坚持文化自觉

从一定意义上来说，企业文化就是企业家或领导者群体的文化。企业家对文化的认识和感受、关于企业经营的思想等，都是企业家的文化自觉，在企业的生存发展中发挥着重要作用。企业家或领导者的价值理念、行为风格和综合素质特征，主导着企业文化建设的性质和进程，对企业文化的形成、丰富和发展有着重要意义，企业应该坚持文化自觉，努力培养现代企业家。

5. 将“人”作为出发点

企业是人的集合体，企业创立的基础在于人，存在的关键在于人，发展的根本也在于人，企业文化的本质特征之一就是“以人文本”。企业应把“人”作为发展的出发点和归宿，提高员工的素质，实现员工的价值，促进企业的全面发展。

员工自身的价值得到拓展，企业价值就会得到提升。事实证明，只要企业在经营管理中贯彻了关心人、理解人、尊重人、帮助人、培育人的原则，就能获得长足发展；反之，就会止步不前，甚至走向衰败。

实施人本文化管理必须完成的六个转变

实施人本文化管理必须完成六个转变。

1. 由无序转向有序

有些企业推行人本文化时，并不会进行系统的计划和安排，全部由领导决策，随意实施。虽然有的企业会组织员工一起来讨论订立人本工作制度，有的企业会选派员工学习培训，有的企业会开展文体娱乐活动，有的企业会改善员工的工作生活环境……但方式零散无序，既不能建立系统的人本文化体系，也不能使人本文化真正融入员工的思想意识中，更不会对企业的创新行为产生积极影响。

在推行人本文化中，企业必须根据实际情况，满足员工的物质和精神需要，激励员工的创新性行为，制定系统全面的方案和计划，分阶段分步骤地实施，努力由无序化推行人本文化转变为系统化推行，在企业内部建立完整的人本文化机制，从思想和行为两方面确保员工领悟并贯彻。

2. 由宣传转向实践

在人本文化建设中，有些企业会提出动听的企业口号，设计精美的宣传手册，拍摄精彩的电视宣传片……到处都能看到“以人为本”，每时每刻都能听到“以人为本”，但这些方式很容易犯形式主义的错误，不利于企业的人本文化建设。

实施人本文化管理，仅靠几句口号、几本手册、几部电视，不可能完成。人本文化的建设是一项系统工程，只有完成由理论到实践的转化，落实到全体员工的实际行动中，才能真正发挥其作用。

首先，要让员工透彻了解人本文化的深厚内涵，从思想上树立“以人为本”的重要理念。

其次，针对企业目前的现状进行诊断分析，制定出符合企业实际情况的人本文化实施步骤。

最后，在人本文化的实施过程中，打破企业原有的不良行为模式，通过各种手段，建立新的人本行为模式，逐步实现人本文化的行为化、操作化、实践化。

只有做到上面这三点，才能真正将人本文化转化为员工创新行为的动力和源泉。

3. 由少数转向全体

在传统文化等级地位观念的影响下，在推行人本文化时，有些企业总会不自觉地将部门、员工划分为三六九等，用不同标准区别对待。比如，仅对中上层管理者谈人本，不关注普通员工；对创利的重要部门谈人本，忽视了后勤服务部门；对骨干谈人本，不搭理普通员工……这些行为本身就违背了“以人为本”的原则。

人本主义提倡的首要价值观就是平等，所有员工无论地位高低，在人格上都是平等的。企业是一个有机整体，任何员工都是有机体的一部分，企业的核心竞争力来源于员工的共同努力，仅靠个人或某个部门，只能取得暂时的成功，无法支撑企业的长远利益。

个人英雄主义时代早已过去，企业要想获得长远发展，就要鼓励团队协作、全力拼搏。因此，人本文化的实行对象必须囊括企业的全体员工，让所有人都能享受到“以人为本”的关怀和激励，在工作中不断挖掘自身的潜能，产生更多的创新性行为。

4. 由物质转向精神

“以人为本”表现为物质和精神两方面，企业在推行人本文化时，以物质“以人为本”为导向，就只重视物质满足、物质激励、物质地位、物质回报，忽视了精神方面的“以人为本”。

按照美国著名行为科学家弗雷德里克·赫茨伯格的双因素理论的说法，物质需要的满足只属于工作的保健因素，只能让员工对工作感觉“没有不满意”，却无法实现“满意”的激励效果。物质上的“以人为本”，无法从根本上激发员工的潜能开发、成就动机、自我实现，而这些精神因素却是激发员工产生创新行为的主要动力。

企业在实施人本文化管理时，要努力从物质为主导转向精神为主导。不仅要满足员工的物质需求，更要关注员工自我价值的实现、工作潜能的激发、情感需要的满足、兴趣爱好的发展等，实现精神需求上的“以人为本”。同时，要塑造一种宽容的企业文化，给员工充分的信任，给他们精神上的支持，为员工提供创新行为所需要的物质条件，鼓励员工积极探索、求新求异，最大限度地容忍和接受员工创新过程中可能出现的失败。

5. 由粗放转向个性

在推行人本文化时，有的企业采用的方式简单粗放，不考虑企业的实际情况，让人本文化建设走入歧途。企业在建立人本文化制度时，管理者根据已有经验，凭借主观印象，对员工和部门做出判断，只能偏离了员工的实际需要；管理者制定的自以为是的人本制度，不会被员工认可，也不能取得积极的效果。企业在实施“以人为本”的制度时，如果缺乏正确的理念指导，没有科学的实践模式作为参照，方法简单粗放，实践浅尝辄止，根本无法真正满足企业的要求。

个体需要丰富多彩且各不相同，即使是同一个人的需要，也会因时因地而有所不同，因此，实施“以人为本”的管理，就应该由粗放向个性化转变。企业要充分考虑到个体的价值观、物质需要、精神追求、工作潜能、心理状况等个性因素的差异，多途径多渠道地实施“以人为本”，让员工充分感受到人本文化的强大关怀力，增强企业的凝聚力、向心力和生命力，激发员工的工作热情，让其能主动发现问题，积极变革原有的不合理地方，积极研发新技术、新产品，养成良好的创新习惯，使企业涌现出更多的创新行为。

6. 由短期转向长期

在人本文化建立的过程中，有些企业存在“一鼓作气，再而衰，三而竭”的现象，开始时干劲十足，而一旦看不到效果，企业领导的态度就会忽冷忽热。管理者大张旗鼓地进行宣传和推广，会率领管理者考察、组织员工学习、邀请专家会诊、制定相应制度、开展各项活动，但这些行为无法在短时间内激发出员工的创新性行为，不会为企业带来明显的效益，也无法在企业内部营造出一种关心人、重视人、塑造人、满足人的工作氛围。

人本文化对个体创新行为的影响，不是简单的“刺激—反应”过程，而是通过人本思想对员工进行潜移默化、春风化雨般的影响，重新塑造他们的价值观、事业观和人生观，激发他们的工作潜能和创造热情，促使他们产生创新行为，实现厚积薄发的效果。

企业人本文化的建设与推广绝不是一蹴而就，在实践中，必须做好充分的思想准备，坚持不懈地实施人本文化建设，实现由短期重视向长期坚持的转变。

第六章 企业共同愿景管理

如何构建企业的共同愿景

什么是共同愿景？愿景是由英文vision翻译而来，目前的含义是“愿景”“远景”“景象”等，但“愿景”更能贴切地反映vision的原意。愿景共包括两层内容：一是“愿望”，指有待实现的意愿；二是“景象”，指具体生动的图景。

为了解释“愿景”，西方有本教科书曾使用了一幅漫画：一只小毛毛虫指着眼前的蝴蝶说，那就是我的愿景。可见，愿景是主体对于自身想要实现目标的具体刻画，共同愿景就是让员工接受和认同的长远目标。

共同愿景阐述了人们想要实现什么长远目标，不同于一般的短期目标，愿景更为笼统，描绘了一幅更远大的前景。下面是一些著名企业的愿景。

西门子的愿景：成为行业标杆。

华为的愿景：丰富人们的沟通方式和生活。

宝洁的愿景：成为提供世界一流消费品和服务的公司，并被世界公认。

联合利华的愿景共有四方面：（1）每一天，我们都致力于创造更美好的未来。（2）我们的优质产品和服务，使人心情愉悦，神采焕发，享受更加完美的生活。（3）我们将激发人们，通过每天细微的行动，积少成多地改变世界。（4）我们要开创新的模式，在将公司规模扩大一倍的同时减少我们对环境的不利影响。

百事的愿景：在环境、社会、经济等各个方面不断改善周围的世界，创造更加美好的未来。

上汽集团的愿景：建设成品牌卓越、员工优秀、具有核心竞争能力和国际经营能力的汽车集团。

英特尔的愿景：英特尔，超越未来!

中国化工集团的愿景：成为经济价值和社会价值持续创造、资源节约、环境友好和本质安全型的国际一流化工企业。

一、为什么要建立共同愿景

共同愿景可以在人们的心中唤起一种希望，尤其是内生的共同愿景，把工作变成了一种追求。比如，苹果电脑使人们能够通过互联网进行学习；福特制造了大众都能买得起的汽车，提高了出行的便利。这些目的比普通目的更高，可以深植于组织的文化或行事作风中。

企业中的共同愿景能改变员工与组织之间的关系，不再是“他们的公司”，而是“我们的公司”。共同愿景是互不信任的人一起工作的第一步，能够产生一体感。员工共有的目的、愿景与价值观，是构成共识的基础。

共同愿景具有强大的驱动力。在追求愿景的过程中，人们会激发出巨大的勇气。为了实现愿景，定然愿意去做任何事。共同愿景最简单的说法就是“我们想要创造什么”。

个人愿景是人们心中所持有的意象或景象，共同愿景是人们共同持有的意象或景象，能够创造出众人一体的感觉，让个人融合到组织的全面活动中，并使不同的活动融汇起来。当人们真正共有愿景时，共同愿望会紧紧地将他们结合起来。

共同愿景的力量源自共同的关切。建立共同愿景，是将人们内心的渴望归属于一项重要的任务、事业或使命。共同愿景刚开始可能只是一个想法，一旦发展成能够感召众人的口号，就不再是个抽象的东西，人们会将它看成一种具体的存在。在人类的群体活动中，共同愿景确实能够激发出强大的力量。比如，1961 年肯尼迪总统宣示了一个愿景：在十年内，把人类送上月球！这个愿景引发出无数勇敢的行为。

拥有共同愿景，企业就能够有效协调各单位之间的关系。共同愿景的精髓就在于，能够让个别愿景与集体的愿景保持和谐。如果组织的愿景被强加于下级单位，最多能产生遵从，而不是奉献。建立愿景是一个持续的过程，企业的愿景或组织的愿景会不断互动和充实。

由使命、愿景与价值观的结合产生的认同感，能够将大型组织内的员工都联结起来。不论是在总公司，还是在分公司，领导者的主要任务之一就是培育这种认同感。

没有共同愿景，福特、苹果等也就无法取得骄人的业绩和成就。这些由企业全体共同创造的愿景分别是：福特想让普通人也拥有自己的汽车；苹果电脑的创业伙伴，希望电脑让个人更具力量。

共同愿景被公司各部门的人真诚地进行分享，并将获得分享的这些人的能量凝聚起来，让不同的人获得一体感。

二、建立共同愿景遵循的原则

建立的共同愿景，要遵循四项基本原则，如下表所示。

原则	说明
愿景要宏伟	愿景要想激动人心，首先就不能是平凡的，必须充满传奇色彩，要能超越人们设想的常态水平，体现出一定的英雄主义精神。如今，多数人是为了一种意义而活着，都在努力追求自我实现。一旦实现了远大的组织愿景，个人也就实现了自我。因此，愿景规划的真正意义在于确立一种组织自我实现的愿景，将它转化为每个人自我实现的愿景。要想达到自我实现，愿景就应该是宏伟的

（续表）

原则	说明
愿景要热烈	表达愿景的语言必须振奋、热烈、能够感染人。人是感性动物，只有使用热烈的语言，才能激发起人们的情感力量。同时，表达愿景的语言还要鼓舞人心。共同愿景越令人振奋，越能激励人，并越能影响他们的行为。愿景规化给人鼓励，能够满足人们重要需求、为实现梦想增添很多希望
愿景要清晰	愿景必须是清晰的、逼真的、生动的。愿景是一种生动的景象描述，如果不清晰，人们就无法在心中建立一种直觉形象，愿景就无法发挥鼓舞和引导作用
愿景要能实现	愿景不是单纯为了激发想象力，而是激发坚定的信念，只有愿景被认为是可实现的，才能产生坚定的信念。

三、建立共同愿景注意的事项

企业愿景的设计与建立是一个密不可分的过程，需要注意三方面的内容：要将个人愿景作为共同愿景的基础；要按照自下而上的顺序来建立；无论愿景由谁提出来，都需要经过企业全体成员反复酝酿、不断提炼、不断分享。

为了更好地运用共同愿景，还要让愿景具备以下四个主要特征：

1. 简单易懂。员工知道共同愿景后，应当能够很快地领会它的意思，并能轻易地回忆起主要内容。

2. 有引吸力。员工在读到或听到企业的愿景规划后，能对自己说："听上去还不错，我喜欢！"缺少吸引力的愿景规化，还不如不做。

3. 能建立标准。企业应当能够根据某项决定、选择方案或行为是否符合愿景规化，来对它们进行评估。

4. 可操作性。企业应当能够根据共同愿景提出有助于实现设想的提案和计划。认清现实，找出现实和共同愿景之间的差距，就能制订改革策略，使公司走上成功之路。

共同愿景与价值观的打造

一、建立共同愿景和价值观的方式

共同愿景构建的基本方式是指推动共同愿景形成的一般方面，这些方面既互相联系，又有一定的相对独立性。

1. 把握共同愿景的方向

企业在构建共同愿景时，要把握共同愿景的方向，即组织未来究竟向何处去、达到什么状态。一旦明确了这些方向，共同愿景中的景象也就鲜明了，员工就能清楚地知道组织的未来，对他们形成一定的内在激励作用。

2. 确定宣言与使命感

为了实现共同愿景，员工和组织也会拥有使命，即实现这一共同愿景的使命。所谓使命宣言是指，把组织与员工拥有的使命用简练、明了、富有激情的文字表达出来，形成格言、座右铭等，这是共同愿景实现的一种要求或一种必然性选择。

3. 发展组织的价值观

共同愿景中含有组织价值观，价值观不同企业的共同愿景也会有所不同。企业的价值观是企业对自己的未来、对社会等各方面的看法和价值取向，是一个完整的体系。共同愿景中虽然包括组织的价值观，但并不是价值观体系的全部，仅含有价值体系中的核心部分，即组织价值观。

构建共同愿景的一个方式就是，从发展组织的核心价值观入手。对于一个组织来说，没有核心价值观，一定会随波逐流，寿命也不会很长。组织的核心价值观有时会以组织理念的形式表达出来。

4. 打造共同愿景

个人愿景是个人对自己未来发展的一种愿望，根植于个人价值观、内心的关切与热望、个人利益，是个人持续行为的内在动力。当然，并不是每个人都有自己的愿景，个人愿景也会因个人价值观的不同而不尽相同。

企业在建立共同愿景时，应该将那些与组织共同愿景无利害冲突的个人愿景囊括进去，并给予一定的实现空间。在鼓励形成个人愿景时，要将共同愿景容纳其中，使共同愿景成为个人愿景的一部分，这也是从个人愿景到共同愿景转变的根本所在。

二、打造共同愿景和价值观的基本途径

构建组织共同愿景的基本途径由培养共同语言、开展团队学习、进行深度汇谈和实现自我超越等步骤构成。

1. 全力培养共同语言

共同语言是指员工一致使用的语言，或指员工特定使用的语言。它是一定范围的语言，能够反映出组织、员工的共同特点。共同愿景是每个人个人愿景的一部分，该部分必然会符合个人愿景的特性；而共同愿景本身就应该用员工的共同语言来表达。共同语言是可以培养的。

2. 密切进行深度汇谈

深度汇谈，可以让每个参与者敞开心扉，挖掘出个人愿景的闪光点，为建立共同愿景奠定基础。深度汇谈不同于讨论，深度汇谈的目的是挖掘每个谈话者的内心，超越任何个人的见解，并不是赢得对话，这是深度汇

谈与讨论不同的根本点。在无拘无束的谈话中，人们就容易将自己深藏的经验、想法完全表露出来。

3. 努力实现自我超越

自我超越是指，不断突破自己的成就、目标。只有员工都具有不断自我超越的欲望，才能激励他们不断实现共同愿景。能够自我超越的人一般都是那些永不停止学习的人，因为只有通过学习，不断接受新鲜事物，才能发现自己的想法、目标和愿望的不足，才能发现自己各方面的缺陷，才能不断修正自己的目标和愿望。

员工要想形成自我超越的内在动力，首先要进行长时间的学习，才能帮助个人和团队创建自我超越的内在机制。

4. 积极开展团队学习

共同语言的形成，建立在员工进行团队学习的结果上。团队是由多人为完成某一特定目标或任务而形成的小团体，这一小团体是组织的基本构成单位。

团队学习是指这一个小团体的群体性学习，是组织内进行学习的基本单位。团队学习对建立共同愿景很重要，一则可以把共同愿景转化为团队的努力方向，克服小团体的局部利益；二则组织的最终目标的实现也要靠团队来完成，所以团队学习对于完成团队组织目标是非常重要的。

因为群体学习过程也是一个群体沟通的过程，在某些层次上，个人学习与组织学习没有直接关系，只有群体一起学习，才更容易形成共同语言。

三、共同愿景和价值观的建造步骤

构建共同愿景虽然是从个人愿景出发的，但组织愿景仍然不同于员工的个人愿景，共同愿景一旦形成，就会逐步成为员工个人愿景不可缺少的部分。组织员工愿景的再创造的过程，可以分为五个具体步骤：

步骤	内容	说明
1	将愿景告知员工	所谓告知是指共同愿景一旦形成，就要正式告知所有的员工。告知带有官方的使命色彩，带有传统且权威的方式鼓动变革，具有一定的激发力量
2	将愿景推销给员工	推销是指领导者努力将组织共同愿景推至员工心中，推动他们为实现共同愿景而努力奉献
3	测试员工对愿景的看法	测试是指让员工敞开心扉，说明组织共同愿景的哪部分打动了他们的心、哪部分对他们没有吸引力
4	对员工进行反馈和咨询	向员工咨询是构建共同愿景中非常重要的一个步骤。咨询，既可以在共同愿景构建之前进行，也可以在有了初步的共同愿景时进行。有效的咨询工作，依赖于良好的咨询方式
5	大家一起来创造愿景	共同愿景是大家的愿景，通常由大家一起创造出来。前四个步骤告诉我们，共同愿景的共同创造过程是“从上到下”的过程

愿景管理，重要的是找到简化事情的途径

一般来说，企业都有自己的理想，比如，从现在起，10~25 年打算往何处去。且这一理想不会轻易改变?

公司做得越大、成长得越快，需要处理的问题就越多。这时候，不要说一张纸，即使是一摞纸，也无法将公司所有的事情记录下来。因此，愿景管理重要的就是找到简化事情的途径，如此，即使是再多的事务，也会显得明了清晰。

有这样一则故事:

美国一家报纸曾举办过一次有奖征答活动，题目是：在一个充气不足的气球上，载着 3 位关系世界命运的科学家，分别是环保专家、核子专家、粮食专家。气球即将坠毁，为了减轻载重，必须丢出去一个人，保证其他人可以存活，请问：可以丢下哪一位科学家?

参加活动的人都说出了必须丢下某位科学家的理由，但最后给出最佳答案的是一个小男孩，他是这样回答的：将最胖的那位科学家丢出去!

事情原来如此简单，只不过是人们将它复杂化了。

随着新业务的出现、产品种类的增多、流程的不断演变、管理者的习惯改变等，管理者都会在不知不觉中丰富自己的思维方式，无法像小男孩那样用简单的思维来思考和解决问题，继而让公司出现一系列问题：责任不明确、执行不到位、数据支离破碎、信息闭塞等。

“天下大事，必做于简；天下难事，必做于繁。”世界丰富复杂，但处理问题的方式概括起来也就两种：一种是把复杂的事情简单化；另一种是把简单的事情复杂化。管理也是一样，要想成就大事，就要把复杂的事情简单化。

目前，各企业都存在很多问题，比如，企业对旧有的经营思路产生了依赖，经营、财务、基础数据、业务受理等管理复杂多变；营销套餐众多，计费工作庞大，业务系统重复，红头文件众多，组织机构交错重叠……让本就负重的企业管理越来越复杂，严重影响企业的运营效率，影响客户对服务质量的感知。要想解决这个问题，首先就要将复杂的事情简单化，将复杂的方法、制度和流程等简单化。

1. 将复杂的方法和制度简单化

湖南有家造纸企业，由于经营无方，多年亏损。新老总上任后，一眼就看出了公司存在的问题：员工作风散漫；该干什么，不该干什么，没标准。真没标准吗？其实，企业不但订有规章制度，而且非常详细。

为了改善企业面貌，老总亲自主持制定了两项管理制度，一项叫作“四无”，另一项叫作“五不走”。“四无”即车间必须做到：无垃圾、无杂物、无闲坐闲聊人员、无乱放的成品半成品。“五不走”即工人下班必须做到：设备不擦净不走、材料不放整齐不走、工具不清点好不走、记录不填好不走、现场不清扫不走。两项制度，一共九条，简单清楚，每个人都明白。自此以后，工厂管理大有起色。

这个故事说明一个道理：简单的制度才能有效解决问题。

在现实生活中，最短的距离是一条直线；在现实管理中，最简单的方法往往就是最好的方法。方法越复杂，制度越复杂，执行越无法到位。

许多企业制度有着很深的历史沉淀和积累，设定了众多条款和规章制度，但认真执行的却不多。主要原因不外乎是有令不行或执行不彻底。怎么办？最简单的办法就是，化繁为简。

2. 将复杂的流程简单化

“流程”具有目标性、内在性、整体性、动态性、层次性、结构性等特点。其中，动态性是指，流程的建立是一个不断完善的过程；结构性是指，流程的结构是否清晰、简洁、明了，决定着流程的效用。

自 2002 年以来，很多企业都全力推出了 BPR 业务流程再造，之后各企业纷纷建立了与财务报告相关的内控流程，继而派生出一系列与收入管控、成本费用管控等相关的流程。

随着组织架构的改变和新业务的增加，这些内控流程和控制点也在不断地优化。控制环节和控制点在大幅增加，让企业的流程越来越复杂，执行流程和控制点中的环节也越来越烦琐。

业务的复杂性、管理的复杂性是导致流程复杂的一个原因，业务的复杂性、管理的复杂性，也能为流程的复杂性提供解释。所以，越是业务复杂、架构复杂，越有必要建立简单、清晰、明了的流程。流程简化则是一项持续的、不断的、经常性的活动。因此，面对庞大、复杂的内控流程体系，必须再一次对流程进行逐一审查和构建。

首先，在成本允许的前提下，可以大胆废除不必要的流程和控制点；其次，要动态地对流程进行完善，建立起“设计—执行—评估—改进”的良性循环。只有这样，流程才能被员工真正接受和执行，才能为企业创造价值。

3. 将复杂的 IT 系统简单化

目前，在一些公司的 IT 系统中，有计费系统、CRM 系统、财务系统、建设系统、物资管理系统等。这些系统庞大复杂，相对独立，不仅为管理增加了成本，还出现了一系列问题，比如，系统和系统之间不平衡、系统功能重叠或缺失、业务受理和数据处理缓慢、系统数据差错等，对管理效率造成负面影响。

流畅的 IT 应用系统架构，可以提升 IT 的作业效能，从而提升企业价值。因此，提高面向服务架构的资源使用效率及流程作业效能，应是企业的当务之急。企业要对各个系统进行重新规划和整合，打造实时协同的应用平台。

（1）要以客户感知为目标，重新规范企业业务、管理和技术架构，逐步构建整体服务建模，建立起畅通且互相制约的业务流程，逐步消除信息孤岛。

（2）在重新规范建模的基础上，根据具体需要，从系统功能和现有系统模块入手，发掘出已有 IT 系统的潜力，整合系统之间重叠的功能应用，实现系统间信息数据的交互、共享畅通。

（3）要从 IT 角度出发，追求 IT 系统的结构简单化，快速生成业务流程及组装应用，及时响应市场变化，实现 IT 系统的灵活与简化。

总之，简单是一种境界，是一种智慧，更是一种美。管理者需要有创造这种美的境界，也要有创造这种美的智慧。

价值观管理核心的思路和方法

通用电气公司就是一个价值观管理的典范。

通用电气非常重视共享价值观，他们将共享价值观印在一张钱包大小的卡片上，让员工随身携带。无论是在公司的领导力学院，还是在其他场所，通用电气都在研究公司的核心价值观。携带这一卡片不仅是荣誉的象征，更表明员工对公司核心价值观的认同。在公司中所有人的手提包和钱包里都有公司的价值观指南，与这些价值观不符合的人，即使工作业绩再好，公司也不需要。

价值观管理认为，领导力的真正本质是关注人的价值观。领导者的主要工作就是，在企业的发展过程中，使组织的战略方向与核心价值观保持协调一致。具体来说，就是要创建一种共享价值观的文化，指导员工的日常工作。

一、价值观管理的思路

企业价值观管理，就是要最终形成一家企业的共享价值体系，主要工作共包括两个方面：一是要保证价值观念体系本身符合企业发展的战略要求；二是要使员工普遍认同这个价值观念体系。

1. 梳理提炼价值观

以企业发展战略为参照系，对既有价值观进行梳理，并提出未来发展所需要的新价值观。对于已经被员工普遍认同的价值观，要以企业发展战略为基准，将符合企业发展战略要求的价值观元素保留下来；将不再符合企业发展战略要求的价值观元素，通过文化变革抛弃掉。企业还要根据发展战略的新要求提出新的价值观元素，作为新文化的种子，精心培育，使其逐步成为新文化的组成部分。

2. 重点培育价值观。

提出价值观并不难，难度最大的是如何将组织倡导的价值观变为员工的共同信念。如果价值观仅停留在语言上和墙上，没有融入员工的行动，价值观也就失去了存在的意义。也就是说，企业倡导的价值观，只有转化为员工的信念，才能成为企业实际的价值观；否则，不仅对企业没有任何好处，还会扭曲、损伤企业形象。企业价值观转化为员工的普遍信念，是一个价值观内化的过程，在这个过程中，员工会接受并自觉遵循价值观。

二、价值观管理的重要途径

1. 将核心价值观转化为行动目标

一旦团队拥有了鼓舞人心的愿景、富有意义的使命和相应的价值观，就可以认真思考长期、中期和短期的目标，并明确相应的行动原则。在构建使命、愿景和价值观的过程中，要确保员工将目标与他们联系起来。

2. 基于价值观的培训和开发

将培训、开发与价值观结合起来，在设计“培训与开发价值观”计划时，通常需要回答下面两个关键问题：（1）为了维持和开发公司的每一项价值观，必须学习哪些新理念和忘记哪些旧理念？（2）必须开发哪些知识和技能，才能产生与公司价值观一致的行为？

3. 基于价值观的绩效评价和绩效奖励

目前，很多企业宣扬的价值观在员工中远未实现普遍认同和自觉遵循，如敬业、团队、创新、变革等，未能在员工中广泛形成文化自觉。以“敬业”这一价值观为例，2013 年 11 月初，盖洛普公司对 2011—2012 年 142 个国家和地区的员工进行了“全球员工对工作投入程度”的调查，结果显示，敬业的比例只有 13%，而中国远远低于世界水平，敬业员工只有 6%。

4. 基于价值观的招聘和选拔

不管是职业道德方面还是工作方面，通常都很难说服他人信奉某些价值观，除非人们已经具备这种品质。其实，根据价值观进行员工选拔，评估应聘者的个人价值观与公司价值观是否匹配，就是在实践价值观管理。

招聘人员找不到“完美”人选时，企业还要做出决策：应聘者融入组织后，学习或接受新的价值观的程度如何？这时，可以对他们的个人能力，如灵活性、适应性、创新性、团队合作和其他组织需要的能力进行有效评估。

5. 建立与完善相关制度

企业价值观的形成，需要运用软硬结合的管理方式。不仅要宣扬员工的整体价值观，还要建立、健全和完善必要的规章制度，特别是相应的激励和约束机制。

制度与文化存在一种互动关系。如果管理者认为某种文化需要倡导，就可以通过培养典型人物或通过开展活动的方式，来推广和传播。要把倡导的新文化渗透到管理过程中，变成人们的自觉行动，制度则是最好的载体之一。让人们普遍认同一种新文化可能需要经过较长时间，但将文化“装进”制度，则会加速这种认同过程。

第七章
企业制度文化管理

企业制度文化的性质和作用

企业制度文化是领导者体制、组织机构和管理制度的具体表现，主流商业管理课程如，EMBA、MBA 等均对企业制度文化有所介绍。

一、企业制度文化的性质

1. 制度文化对企业精神文化有反作用

企业制度不仅影响着人们对新的价值观的选择，还是新的精神文化的基础。企业文化是沿着“精神文化—制度文化—新的精神文化”的轨迹不断发展、丰富和提高的。

2. 生产经营的复杂程度和管理职能的特点

管理组织结构要尽可能有助于实现由相应的单位和在各项制度规定中固定下来的功能。为了提高管理效率，企业要构造一个所有管理功能互相联系的正式模型以及与其适应的企业制度文化。

3. 制度文化是企业文化的重要组成部分

制度文化是精神文化的产物，必须适应精神文化的要求。人们一般都会在一定的价值观指导下去完善和改革企业的各项制度。组织机构如果不能适应企业目标的要求，企业目标就无法实现。卓越的企业会用好的组织结构去迎接未来，在竞争中获胜。

4. 要形成一套现代化的管理制度

制度文化会随着物质文化的变化而变化，企业劳动环境和生产的产品发生了变化，组织结构就要做出相应的改变，否则就不能发挥其应有的效能。制度文化是物质文化建设的保证，没有严格的岗位责任制和科学的操作规程，任何企业都不可能生产出优质产品。

5. 制度文化是企业行为文化得以贯彻的保证

跟员工生产、学习、娱乐、生活等方面直接发生关系的行为文化建设得如何，企业经营作风是否具有活力、是否严谨，精神风貌是否高昂、人际关系是否和谐、员工文明程度是否得到提高等，都与制度文化的保障作用有关。为了保证各个系统的协调一致，必须改变组织机构。

6. 物质文化能产生相应的制度文化

企业的组织结构是管理有效性的决定因素之一。如果组织结构不先进，无论怎样调整，管理机构的活动也得不到预期效果；相反，有科学根据的组织结构，不仅可以减少管理消耗，还能提高管理的有效性、可靠性和应变能力。因此，组织结构的质量及其各部分的互相作用，在很大程度上决定着组织能否及时履行管理职能。

二、企业制度文化的作用

制度文化是精神文化的基础和载体。企业制度一旦建立，会影响人们对新价值观念的选择，是新精神文化的基础。企业文化也会沿着“精神文化—制度文化—新精神文化”的轨迹不断发展、丰富和提高。

制度文化是企业文化中人与物、人与企业运营的中介，能够约束企业和员工的行为，使企业在复杂多变的环境中保持良好的运转，促进企业目标的实现。

所有的企业都有企业文化。评价企业的企业文化，如果不探讨该企业的制度建设，只能是一种空洞的、不真实的主观臆想。制度，不仅是管理者的意愿得以贯彻的有力支撑；还能在得到员工认可的前提下，将矛盾由人与人的对立弱化为人与制度的对立，更好地约束和规范员工行为，减少对立，逐渐形成具有自己特色的企业文化。

文化的自然演进是缓慢的，任何企业文化都是有意识地、自觉地规范管理的结果。领导者一旦确认了倡导新文化的合理性和必要性，在宣传教育的同时，更要制定相应的行为规范和管理制度，在实践中不断强化，努力转变员工的思想观念和行为模式，逐步建立起新的企业文化。

制度建设同精神文化的一致性

一、什么是制度文化

所谓制度文化是指，人类为了自身生存、社会发展的需要而创制出来的有组织的规范体系，主要包括：国家的行政管理体制、人才培养选拔制度、法律制度和民间的礼仪俗规等。

概括起来，制度文化共有五大基本特点：

1. 制度文化的内涵包括各种成文的、习惯性的行为模式与行为规范。

2. 制度文化的基本核心，是在历史演化的过程中形成的一套传统观念，尤其是系统的价值观。

3. 制度文化凝聚了社会主体的政治智慧，通过社会实践来延续，世代相传，最终成为人类的政治成就。

4. 制度文化以物质条件为基础，受人类经济活动的制约，因地域、民族、历史、风俗等不同而形式多样。

5. 制度文化具有两重性：不仅是人类活动的产物，还会限制人类的不规范活动。

可见，制度文化是一个不断运动、变化着的过程。制度文化与物质文化相辅相成，一方面物质文化的发展推动着制度文化的发展，另一方面制度文化对物质文化具有强大的反作用。

二、什么是精神文化

精神文化是相对物质文化来说的。物质文化，是人类活动作用于自然界的产物，是人类在物质生产活动中创造的文化，体现了人类在物质生产领域中认识和改造自然的能力和水平。

所谓精神文化就是，人类在精神生产活动中创造的精神财富，包括社会心理和思想体系两部分。其中，社会心理是人类在长期的生活中普遍积淀起来的，对生活条件和社会制度的反映，包括风俗习惯、价值观念、道德情操、审美意识、宗教情绪、感觉认识等。而思想体系是指，系统化、理论化、理性化的社会意识形式，比如，政治法律理论、伦理道德、科学理论、文学艺术、哲学、宗教等。

文化是人的活动方式和人的实践活动创造出来的系统，是人类社会特有的现象。从广义上讲，文化可以分为三个层次：物质文化、精神文化和制度文化；狭义上，则是指后两个层次。

三、制度文化与精神文化的一致

在企业文化系统中，精神文化发挥着决定性作用。同精神文化保持一致的制度文化，能够强化企业文化的作用；同精神文化相背离的制度文化，则会削弱企业文化的作用。因此，制度文化的诊断、提炼和创新，都要以企业精神、价值观作为指导思想，要跟企业的经营管理理念相切合，并充分将企业理念体现出来。

在企业制度文化建设中，要检查各种制度是否是以企业的根本需求为基础、是否与企业的本质目标相联系。俗话说："没有规矩，不成方圆。"制度文化建设是企业文化的骨架，任何企业离开了制度，都会成为一盘散沙。制度是企业基本观念的体现，反映了企业对社会和人的基本态度，因此制度也不是随心所欲的。

当然，并不是所有的规章制度都是企业文化的内容。只有符合企业价值观要求、激发企业向上精神、提高员工积极性和自觉性的管理制度，才是构成企业文化的重要内容。因此，判断一条规章制度是不是企业所需、是不是需要调整乃至摒弃，标准只有一个，即该制度是否同企业价值观、企业精神相一致并有利于企业价值观和企业精神的提升。

制度建设与“以人为本”

制度对于企业的意义在于，它是一个能够让管理者意愿得以贯彻的有力支撑，使企业管理中不可避免的矛盾由人与人的对立，弱化为人与制度的对立，以更好地约束和规范员工的行为，逐渐形成有特色的企业文化。可是，管理制度要成为具有本企业特色的文化内容，还要满足一个前提条件——“得到员工认可”。

“员工认可”，是管理制度上升为企业文化的必要步骤之一。要想把握好这一步骤，就要把握好制度文化的效力点，也就是要把握好企业精神，要将价值观的“柔”与制度化管理的“刚”有效结合起来。制度文化的效力点不在别处，而在人的心灵，所以要把握这一“柔”一“刚”的尺度，坚持“以人为本”。

在保证制度顺畅执行的前提下，尽量减弱人与制度之间的对立，这是企业制度文化建设中必须注意的问题。该问题的实质是，如何在制度文化建设的过程中坚持“以人为本”。

对于企业来说，最宝贵的财富就是员工，员工的积极性和创造性就是企业的竞争力。现代企业管理，能否调动企业员工的积极性，对企业的制度建设异常重要。

在企业中，员工处于主体地位，是企业的主人。只有尊重人才、重用人才，才能把企业做大、做强，才能让企业在行业中立于不败之地。切记：企业要想获得长期稳定发展，要建立健全管理机制，其根本在于“人”。

1. 薪酬制度应“以人为本”

现代社会，企业要逐步建立属于自己的人才信息储备库，为企业发展提供所需的人力资源。企业要想留住人才，就要建立一套完善、合理的企业薪酬制度。为企业做出突出贡献的专家和人才，要广泛宣传他们的成绩、贡献，并给予更多物质上的奖励和精神上的尊重。要在尊重和奖励人才的带动下，努力营造一种尊重人才、尊重创造的企业氛围，激发出员工的学习热情，培养适合企业发展的学习型人才。

2. 员工考评也应“以人为本”

科学合理的考评方法，可以有效提高员工的工作积极性，反之则容易减弱员工的工作热情。企业的考评制度，不仅要科学合理，还要考虑到人性化因素。要想让考评制度客观和具体，就要尽可能地让管理者和全体员工参与进来，由一个人主掌评估大权，很容易得出不客观的考核结果。此外，还要让员工清楚地了解评估规则，降低员工对考核结果产生的恐惧感，让考评成为一种激励手段，引导员工积极向上。

3. 管理制度要“以人为本”

众多成功的企业管理模式都告诉我们，优秀的管理者总会将人的价值放在第一位。对于企业来说，只有尊重人才，才能听到来自多方面的声音，企业领导者的判断才能更准确、才能更好地保持企业活力。

例如，惠普对员工有着极强的凝聚力，原因之一就是坚持“以人为本”。到惠普的任何机构，都能感受到惠普员工对工作的满足感，这是一种友善、随和而没有压力的氛围。惠普的成功，依靠的正是“重视人”，惠普尊重每个人，承认每个人的成就和价值。

企业要做到“以人为本”，就要从制度入手，使管理工作的重心由“物”到“人”。不仅要关心员工的切身利益，尊重员工的价值和创造，还要努力挖掘员工的潜能和激情，有效保持员工对企业热情的可持续性，实现对员工真诚关怀与严格管理的高度统一。

企业制度的调整、变革

一、企业制度的调整

企业制度要根据外部环境和内部条件的变化，进行修订、补充和创新。

1. 制度修订的原则

企业在修订管理制度时，应遵循以下三个原则，如下表所示：

原则	说明
辩证统一	企业要坚持“稳”与“变”的统一，既要重视制度的稳定性，也要重视制度的灵活性。一方面，企业要根据生产经营活动的需要对制度进行适时地更新，用最新、最适用的制度来代替陈旧的制度；另一方面，企业管理制度不能朝令夕改，不能因为原有制度存在某些问题就全盘否定，要在具体分析的基础上加以完善，使之在实践中逐渐趋于合理
先立后破	企业管理制度的修订，要“先立新、再破旧”。如果条件还不成熟，新制度还没出台，要继续按原有制度执行，待新制度正式建立后，再将旧制度废除，保证企业管理制度的连贯性和稳定性
消除例外	在修订企业管理制度的过程中，一旦出现了“例外”和“偶然”，管理者就要运用标准化原理，用管理制度来处理类似事件；同时，将例外事件纳入管理制度，使其成为常规管理的一部分

2. 制度修订的程序

严格来说，企业制度修订要经过十个步骤：调查研究、分析设计、起草、讨论及征求意见、修改、会签、审定、颁布及试行、修订、推动执行。可是，在实际工作中，如果时间紧迫，又具备原有制度的基础，制度内容修订比例也不大，就可以将修订工作简化为“五步法”，即：

（1）明确一个修订目标。

（2）补充必要的数据和信息。

（3）起草修订稿，对制度修订前后的效果进行对比。

（4）广泛征求意见。

（5）签审发布修订信息。

在起草修订稿时，要充分考虑：修改的内容怎样才能与企业各方面的制度保持协调？如何才能避免出现顾此失彼的情况？不然，修订一个制度，就很容易引发了管理制度之间的矛盾，造成管理的混乱。此外，遇到特殊情况，企业可以随时对制度进行修订；没有特殊情况，可以每年年末修订一次。

二、制度的变革

企业的制度化，既会推动企业文化的发展，又是阻碍企业文化发展的主要障碍。制度化的过程，也是企业文化相对固化的过程。随着对制度的深入理解和广泛认同，员工在接受制度文化的同时，又会反对与现存制度相悖的文化。这种现象，一方面容易让企业拘泥于制度文化，忽略企业的其他文化；另一方面又会让企业固守现存文化，抵制外来文化，很难实现吐故纳新。

企业制度化过程，既能促使企业井然有序地运行，也能让企业走上按部就班的老路。分析制度化过程对企业文化发展的利弊，领导者就能在企业文化建设过程中保持头脑清醒，采取有效措施，减少固化思维对变革带来的阻碍。

第八章 企业团队文化管理

团队文化及其构成要素

宜家家居是世界上知名度很高的公司之一，它所创建的团队文化更是独具特色。

宜家的团队以家具的品类来划分，一个团队负责一个家具部的工作，比如，办公家具部、厨房用品部、地毯部、沙发部等。

宜家家居是瑞典的公司，公司文化折射出了瑞典的民族文化：平等、低调、朴实、现代。宜家的低调平民文化不仅反映在家具的价格上，还表现在公司领导的个人风格上。

宜家的创始人英格瓦·坎普拉德不喜欢张扬，穿着朴素，生活简单。据说，喝完饮料后，一次性塑料杯他也不舍得扔掉。

宜家的招牌广告语是："你不必富有，只需机灵。"团队文化也具有类似特征。最有意思的是，为了鼓励团队成员的融合和协作，公司不会给员工做出明确的岗位说明，而是让团队成员自己讨论决定谁负责什么、团队该如何运作等。团队领导者没有特殊的头衔，与他人平等，主要负责协调沟通，让大家都能充满乐趣地工作。

美国的宜家家居在开始推行这种团队文化时遇到了很大的阻碍，因为美国文化虽然讲求平等，但并没有瑞典文化彻底和广泛。另外，美国文化讲求精确，不管是岗位，还是职责，都需要有明确定义。因此，开始的时候，员工的离职率很高。但公司认为，这是宜家核心文化的重要部分，于是就坚持了下来。后来，当地的应聘者慢慢熟悉了宜家文化，宜家吸纳了很多认同宜家文化的人才，公司才真正运作起来。

宜家规定，在一年中的某一天对所有员工进行奖励，把在那一天售出家具的全部收入分给员工。员工对宜家有着强烈的归属感，将公司当作家，工作更加努力。

所谓团队文化是指，员工在互相合作的过程中，为实现各自的人生价值，也为完成团队共同目标而形成的一种潜意识文化。团队文化是社会文化与传统文化的产物，内容主要包括：价值观、最高目标、行为准则、管理制度、道德风尚等。它以全体员工为工作对象，能够最大限度地统一员工意志、规范员工行为、凝聚员工力量。

团队不仅注重个人的业务成果，更注重整体绩效，在集体讨论研究、决策和信息共享、标准强化的基础上，强调通过全体员工的共同奋斗获得胜利成果，这些成果最终会超过个人业绩的总和。

团队的核心是共同奉献，这种共同奉献离不开每个员工的努力。因此，要设立切实可行又具有挑战意义的目标，激发团队的动力和奉献精神，为企业注入新的活力。

团队具有以下五个重要的构成要素，简称“5P”。

1P (plan)：计划

计划关系到每个团队的构成，团队应该如何分配和行使组织赋予的职责和权限？简单地说就是，员工都做什么工作，怎样做。具体来讲，计划有两层含义：第一，目标最终的实现离不开一系列具体的行动方案，可以把计划理解成目标的具体工作程序。第二，按计划进行，保证团队工作的顺利进度。

2P (place)：定位

团队的定位一共包括两层含义：（1）团队的定位。即团队在企业处于什么位置？选择和决定员工的是谁？团队最终对谁负责？团队用什么方法激励员工？（2）个体的定位。员工在团队中扮演什么角色？是制订计划者，还是具体实施或评估者？明确了这两个问题，就能制定规范来完成团队任务了。

3P (power)：职权

这里的职权指的是，团队富有的职责和享有相应的权限。对团队职权进行界定的过程需要解决以下问题：团队工作的范围是什么？团队可能影响到整个组织的事务吗？你愿意让团队作为主要顾问，提出意见和建议吗？你希望团队采取实际行动，促成某种结果吗？你所组建的团队在多大程度上可以自主决策……

这些问题会因为具体团队的目标和定位的不同而各不相同，这主要取决于团队的规模、结构和业务类型等。在解决职权问题时，必须坚持“在考虑团队职权因素时，一定要分清轻重缓急”这一原则。

4P (people)：人

人是构成团队最核心的力量，没有人，也就没有团队可言，更没有计划的制订和执行了。一般来说，一个团队至少要有三个人：一个人出主意，一个人制订计划，一个人实施。如果是三个人以上，还要有人协调不同的人一起去工作，有人监督团队工作的进展、评价团队最终的贡献等。

每个人的特点不同，管理者如何给员工分配工作，达到优势互补、协调合作，影响着团队的发展。当然，员工之间的关系是否和谐，也对团队成功与否起着重要作用。

5P (purpose)：目标

打算建立一个团队，首先就要树立一个明确的目标，这个目标要一直存在，直到团队完成该目标为止。

刚开始，团队应该用一个既定的目标为团队导航。例如，团队是因为工作关系而组成的项目团队，还是因为完成某项任务而形成的任务团队？这个团队，是短时间存在的，还是长时期持续的……这些都是团队刚组建时要确定的问题。

有了目标，才能知道怎么向前走。团队没有目标，也就失去了存在的价值；有了共同目标，员工才会朝着这个目标共同努力。在完成一个共同目标的过程中，员工才能产生一种团队高于员工个人总和的认同感。这种认同感为如何解决个人利益和团队利益的矛盾提供了标准，让一些威胁性的冲突顺利转变为建设性转折。

文化与管理才能打造团队向心力

凝聚力和向心力是企业与员工、员工与员工之间的信任和理解的基础上形成的强有力的合力，是企业不断发展、市场竞争力不断增强的基础，处理不好，还会影响企业的生存。因此，要想打造团队向心力，就要增强员工凝聚力、增强企业活力，树立良好的社会形象。

星巴克自 1987 年出现在西雅图的街头，发展到今天，已经遍布世界 34 个国家和地区，共有 8300 家店。星巴克不仅打造了独有的品牌，还进行了有效的团队建设，并以商店为单位组成团队，倡导“平等、快乐地工作”的团队文化。

星巴克不重视投资回报，只强调快乐回报。他们的逻辑是：“只有顾客开心了，才会成为回头客；只有员工开心了，才能让顾客成为回头客。而当两者都开心了，公司也就成长了，持股者也会开心。”星巴克是如何创造这种平等快乐的团队合作文化的呢?

领导者将自己看作普通员工。虽然管理者会从事计划、安排、管理等工作，但也会平等待人，不会独享某个权利。比如，公司国际部主任去国外的星巴克巡视，会跟店员一样上班、清洗杯碗、打扫店铺或洗手间。

员工在工作上有明确的分工。星巴克的员工都接受过各工种的技能培训，虽然各自负责，但又不分家。如果某个咖啡制作员忙不过来，其他人如果不算太忙，就会主动为他提供帮助。

鼓励和奖励合作，培训合作行为。员工无论来自哪个国家，在商店开张之前，都要到总部接受为期 3 个月的培训。不仅让他们学习研磨制作咖啡的技巧，还会利用这段时间磨合员工，让员工接受并实践平等快乐的团队文化。另外，公司还会用各种有趣的小礼品来奖励员工的主动合作行为。

企业文化如同一根纽带，把企业和员工的追求紧紧联系在一起，使每个员工都能产生归属感和荣誉感。优秀的团队应该是协调一致、上下同心，企业文化能够解决许多问题，但最重要的还是凝聚力量、促进发展。从这个意义上来说，企业文化就是强力黏合剂。

对于企业的成长来说，企业文化可能不是最直接的因素，但却是最核心、最持久的因素。世界上的成功企业之所以能长盛不衰，原因不外乎有有三个：优质的产品、完善的服务和深厚的企业文化，而优质的产品、完善的服务往往产生于深厚的企业文化。因此，企业文化是企业的灵魂，对企业的发展具有重要作用，具有凝聚、导向、激励、辐射、约束、协调等功能。

一、企业文化的特点

企业文化有其历史性、人本性、复杂性、动态性等特点，能得到员工的认同，对员工有着一定的约束力，能够培养员工的积极心态；一旦员工把工作和服务当成一种习惯，就能形成强大的凝聚力。具体特点如下表所示：

特点	说明
人本性	企业文化是一种“以人为本”的文化，以文化因素去挖掘企业潜力，重视人的因素在企业发展中的作用

（续表）

特点	说明
历史性	企业文化是历史的产物，必定带有历史的烙印，能够折射出一个时代、一个国家的一定时期，或一个民族、一个地域的经济与文化特征
复杂性	世界上没有两片完全相同的树叶，企业在特定的环境中生存与发展，面临的历史阶段、发展程度、本身固有的文化积淀都不相同。但是，优秀的企业文化都会形成一种凝聚力，这种凝聚力坚不可摧
动态性	企业文化一旦形成，在一定时期内就具有相对的稳定性。随着企业的发展以及生存环境的变化，企业文化也随之发生改变。“呈螺旋式上升状”是一种理想状态下优秀的企业文化的发展势态，优秀企业的文化体系一旦建立，就会显示出其对外部因素及新生文化因子的吸收力、包容力与消化力，形成一个动态开放的系统

二、通过文化管理提高向心力

只有让员工参与企业管理、注重员工的个人发展、创造和谐的人际关系、展现领导者的个人魅力，才能营造“以人为本”的企业文化，增强企业凝聚力和向心力，促进企业的健康发展。

1. 注重员工的个人发展

随着社会的发展，加薪和完善福利已不是激励员工的主要因素，员工的个人成长和自我实现成了员工最关心的问题。员工寻求发展的目光首先定位于组织内部存在的条件和机会，即企业内部成长通道。员工进入企业后，在已有的专业知识和技能特点的基础上，配合组织发展目标进行有计划地学习、培训，才能获得进步与提高。所以，企业要留住员工，增强凝聚力，不仅要为他们提供必要的福利、优厚的薪酬待遇，更要拓宽企业内部成长通道，使企业成为员工成长和发展的基地和摇篮。

2. 让员工参与管理

企业要真正建设“以人为本”的企业文化，必须尊重员工的主体地位，吸引员工参与企业文化的民主管理，有效地开展合理化建议和自主管理等活动，调整员工士气，增强企业凝聚力。

企业是社会的经济组织，有自身的追求目标；而员工也有各自的思想和行为。企业目标往往与个人目标有矛盾，只有二者在最大限度上趋于一致，企业对员工的要求才能内化为员工的自我要求。员工一旦把自己当成企业的主人，就会自觉地规范自己的思想和行为。如此，企业目标就不再是从外部强加于员工的约束和限制，变成了员工发自内心的追求。

员工参与企业管理，就能得到比较高的经济报酬，实现自我价值；由于员工的参与，企业更容易达到更高的效益目标。在这种状态下，员工对企业的忠诚度就能发挥到极致，将企业目标与个人目标有效结合起来，每个人都能在企业的发展中同时实现自己的价值。

3. 提高领导者的个人魅力

领导者的个人格魅力是团队精神的向心力。团队精神是企业文化的核心之一，是企业生存、发展的强大推动力。创造团队精神离不开全体员工的共同努力，而领导者起着引导和凝聚的向心作用。

领导者的个人魅力和他的团队意识决定着团队精神的发展方向、决定着团队是否拥有坚强的核心、决定着团队是否具有强有力的战斗力。要形成领导者人的个人魅力，就要做到以下三点：

（1）要有创新意识。领导者要开拓进取、锐意创新，确立企业的发展目标，为企业谋求更大的发展空间。

（2）要不断学习新知识。领导者要通过学习，全面地系统掌握业务知识，有较强的口头与文字表达能力，有过硬的综合分析能力和组织协调能力。

（3）要具备敬业精神。领导者突出表现在一个“勤”字，即事业心强，热爱本职工作；责任心强，对工作认真负责；纪律严明，严格要求自己。

如果企业无法塑造出适合自己生存的文化，却试图用这种文化来促进企业的管理和发展，企业就无法取得成绩。成功的企业文化就像一根指向标，不仅可以保证企业不偏离轨道，还能为企业领航。

确定文化方向，管理团队员工

在不同的组织环境中，团队合作的内容和意义各不相同，微软的团队合作文化又是如何创建的呢?

从小比尔·盖茨就异常迷恋电脑，还具备了用电脑知识赚钱的意识。对电脑的狂热和痴迷，让盖茨只追求知识和真理，对权威毫无敬畏之心。

从哈佛辍学后，盖茨应聘到新墨西哥州的一家电脑公司工作。公司里，没人敢与技术老板顶嘴，只有他敢。与保罗·艾伦创办微软后，盖茨鼓励大家向他人的思想发起挑战，要求下属都遵循“敢提不同意见”的原则。

盖茨建立了有名的项目小组“三足鼎立”结构：软件设计员、编程员、测试员，三种人员互相挑刺，刺挑得越多，产品可能就越完善。同时，小组成员都是平等的，组长没有特别的权利，主要负责沟通协调，解决各类冲突，使大家愉快配合，按时完成产品。

这种团队合作的实现，源于公司对几个重大环节的把握。

首先，在创立公司文化的时候，创立者发挥了重要作用。

其次，人员招聘时，微软使用的测试题都是智力和创意测试，应聘者一般都热爱电脑技术，乐于享受思考的乐趣，性格率真，不迷信权威；工作中，人员分工明确，流程设计周密，团队成员都知道自己的职责、自己的工作在整体任务中的位置以及时间进度。大家分工明确，互相尊重，敢于提出不同见解。

最后，大家都有明确的共同目标：让产品按时并高质量地完成。

比尔 · 盖茨用自己的例子告诉我们，只有确定了企业文化的方向，才能将团队员工管理好。

那么，企业建设企业文化的目标和方向都有哪些内容呢？

1. 宣传和实践企业文化

宣传和实践企业文化主要体现在两个方面：一是企业内部对员工的宣传、教育、培训；二是对外经营、社会责任等。要组织开展一系列活动，将企业确立的经营理念融入到实践中，指导企业和员工的行为。

2. 从视觉上实现统一

在企业发展过程中，不仅要统一标识、服装、产品品牌、包装等，实施配套管理，还要以务实的态度不断完善企业视觉识别各个要素，做到"改进—否定—再改进—再确定"，实现企业标识、旗帜、广告语、服装、信笺、徽章、印刷品统一模式。规范员工的行为礼仪和精神风貌，在社会上建立起企业的高度信任感和良好信誉。

3. "以人为本"，打造精神文化

企业文化实质是"人"的文化，人是生产力中最活跃的因素，人是企业的立足之本，是企业的主体，建设企业文化就必须提高"人"的素质，把着眼点放在"人"上，凝聚人心，树立共同理想，规范行动，形成良好的行为习惯，塑造形象，提高社会知名度。

4. 打造物质文化

企业文化建设应与塑造企业形象协调一致，不仅要实现技术创新，还要鼓励群众提出合理化建议，使之具有独特的技术特色和产品特色。同时，还要努力维护品牌声誉。要让员工像爱护自己的眼睛一样爱护企业的品牌声誉，使企业的产品质量过硬，在社会上叫得响；经营过程中，经营理念和经营战略要实现统一，保证员工行为及企业活动的规范化、协调化；保证视觉信息传递各种形式的统一，为促进企业的可持续发展奠定坚实基础。

5. 打造行为文化

（1）要认真分析企业文化发展的环境因素，使各种有利因素成为企业文化建设的动力源泉。

（2）要采取强化措施，将绿化、净化、美化等并举，做好治理整顿，并长期保持卫生环境。

（3）要开展各种文体活动，做到大型活动制度化，即定期举办体育运动会、企业文化艺术节等；小型活动经常化，即利用厂庆、文体活动等形式丰富员工的文化生活，赋予各种活动生命力，强化视觉效应。

6. 打造制度文化

企业管理和文化之间的联系是企业发展的生命线，战略、结构、制度是硬性管理；技能、人员、作风、目标是软性管理。强化管理，就要坚持把“人”放在企业中心地位，在管理中尊重人、理解人、关心人、爱护人，确立员工主人翁地位，使之积极参与企业管理。

强化管理，要将现代企业制度、管理创新、市场开拓、优质服务等有机结合起来，不断修订并完善职业道德准则，强化纪律约束机制，使各项规章制度成为员工的自觉行为。此外，还要提倡团队精神，让员工之间保持良好的人际关系，增强团队凝聚力，有效发挥团队作用。

7. 树立明确的企业文化理念

（1）树立员工的价值观。价值观是企业文化的核心，决定着企业的命脉，关系着企业的兴衰。现代企业不仅要实现物质价值，还要实现文化价值。企业竞争不仅是经济竞争，更是人的竞争、文化的竞争、伦理智慧的竞争，企业的最终目标是服务社会，实现社会价值最大化。

（2）确立企业宗旨。这不仅是企业生存发展的主要目的和根本追求，也是企业发展的目标和发展方向。企业道德建立在企业的生产经营实践基础上，基于对社会和对人生的理解，对事物的伦理准则做出的判断。企业作风是全体员工在思想上、工作上和生活上表现出来的态度和行为，体现了企业的整体素质和对外形象。

（3）确立企业精神。企业精神是员工在长期生产经营活动中逐步形成的，由企业的传统、经历、文化和领导者的管理哲学共同孕育，集中体现了企业独特的经营思想和个性风格，反映了企业的信念和追求。培养企业精神，要遵循时代性、先进性、激励性、效益性等原则，不仅要反映企业的本质特征，而且要反映出行业的特点和特色。

如何落地团队文化

只能先搞清楚企业文化涉及的内容才能进行企业文化建设。

真正的企业文化，是企业倡导的文化从理念到行动、从抽象到具体、从口头到书面，实现价值趋同、制度再造、行为规范、形象物化的过程。那么，如何才能将企业文化落到实处、让大家真正感受到公司是有文化的，有着发自内心的凝聚力和向心力呢?

通过多年的项目经验总结，企业的文化建设要想真正有效能落地执行，就要做到以下六点：

1. 高层的支持

从某种意义上来说，“企业文化就是老板文化”，老板的身体力行对企业文化的落地具有重要作用。作为企业文化的设计师、规划师和建筑师，企业老板及高层管理者的行为，往往决定着企业文化建设的成败。

2. 强调全员参与

企业文化，是全体人员反映出的整体文化特征，不是某个人或某部分人的文化。试图以一己之见代替企业共同价值观和行为方式，都是片面的。因此，企业文化要想落地，就要得到大家的认同。

3. 用宣导做好指引

企业文化的宣导是否到位，在很大程度上影响着企业文化的落地实施效果。有效的宣导，不仅能获得员工的认同，也会形成良好的文化氛围，使更多的员工最大限度地统一到企业的价值观和行为规范中来。

4. 规范文化体系

企业文化建设工作是一项系统工程。散兵游勇式的企业文化工作，东打一枪西放一炮，必然会影响企业文化建设落地的效果。正确的做法应当是，科学规划、层次分明、有计划有步骤地开展企业文化建设工作。

5. 提炼价值理念

在企业文化的四个层次中，精神文化处于核心位置，可以指导全局。企业文化的核心内容，是全员拥有的共同价值观，并在该价值观的指导下形成的制度，也是全员共同实施符合企业价值观的行为，并提供含有企业特征，区别于其他企业的产品或服务。

6. 需要明确分工

企业文化塑造、实施、传播的主客体是有层次性的、有分工的，比如，企业老板和管理者的主要工作是，企业战略、理念等种子要素的研讨、形成；中层管理者和骨干人员的主要工作是，通过日常管理工作将企业文化落实、贯彻到具体管理活动中；而基层员工的主要工作是，促进品质化要素和物质化要素的实现，将企业文化的要求内化到个人素养中，并外化凝结成具体的产品和服务。

第九章 企业创新文化管理

企业创新文化的重要性与现状分析

创新文化是一种培育创新的文化，能够唤起巨大的能量、热情、主动性和责任感，帮助企业达到目标。

一、企业创新文化的重要性

建立企业创新文化具有重要的作用，其重要性主要体现在五个方面：

1. 企业创新文化，有利于提高企业经营业绩。

2. 企业创新文化是一切创新的前提和源泉，能推动创新的实现。

3. 企业创新文化直接推动着创新的形成和发展，推动着经济的发展和社会的进步。

4. 建立企业创新文化，对内能够增强企业的凝聚力，对外可以展示企业的良好发展形象，增强核心竞争力。

5. 建立创新文化，企业就能具备朝气蓬勃的创新精神，保证创新在企业内的持续存在和发展，提高企业活力。

创新文化是组织内的一种奖励创新和鼓励冒险的文化，能够激励和奖赏杰出工作者，能够对突然出现的危机等突发情况迅速作出反应。

创新文化是一种宏观战略层面的变革文化，任何一种文化的塑造都需要组织自上而下的正确引导。

二、企业创新文化的现状分析

目前，我国企业创新文化的现状主要存在以下五个方面问题：

1. 企业缺少创新文化的理论

企业缺少创新文化的理论，没有意识到创新扎根于企业文化的重要性。企业创新文化是创新的土壤，能够加速企业进行创新，增强企业活力和核心竞争力，促进经营业绩的提高。

2. 缺少经费的保障

目前大部分企业都没有建立企业创新文化的专项经费，只对部分立项的科研创新项目有一定的经费支持，支持额度与科研创新所需的实际经费相比远远不够。创新经费的欠缺，使创新成果缺乏，创新发展举步维艰，导致企业整体创新能力不足，无法在全社会形成创新的文化氛围。

3. 缺少创新文化形成的环境

虽然有的人具有创新的意识、想法，但是缺乏创新文化的大环境，怕创新不能达到预期的结果、怕自己提出的创新失败，这就使许多创新思维在萌芽阶段就被迫流产。当前社会总体创新意识不足、创新人才欠缺、创新经费缺乏、创新成果稀缺，整体社会缺乏开放的创新文化环境，在这种环境下，发展企业创新文化非常困难。

4. 创新文化的主体不明确

许多员工都认为企业文化的建立和创新是企业高层管理者的工作，认为企业高层管理者是建立企业创新文化的主体，这种认识是片面的。建立企业创新文化的主体是全体员工，只有依靠全体员工的共同努力，才能充分调动和发挥员工的积极性、主动性和创造性，在企业内形成勇于创新、敢于创新、乐于创新、勤于创新的氛围。

5. 管理者创新意识较薄弱

我国企业家调查系统于 2000 年对我国多个行业的经营者进行的问卷跟踪调查结果显示，管理者的创新意识基本和管理者的学历成正比，跟管理者的年龄成反比，但与发达国家管理者的创新意识来比，还很薄弱。

企业家调查系统对不同学历的经营者调查，结果显示：46.52% 的经营者把创新作为主要的企业家精神；对不同年龄的经营者进行调查的结果是，有 49.3% 的经营者把创新作为主要的企业家精神。两者均未过半。在发达国家，多数成功企业家都具有典型的创新特质，创新是企业家的核心精神。可见我国管理者对创新的重视程度还远远不够。

转变思想，树立创新理念

管理观念创新是一种管理思维和管理理念的综合性创新，对管理决策、管理执行、管理监督等一系列环节具有重大的指导价值。那么，现代管理者如何实现管理观念的创新？关键点就在以下三个方面。

一、管理观念创新的内容

企业管理观念创新主要包括以下几个方面内容，如下表所示：

内容	说明
知识价值观	要改变对知识的陈旧认识，确立“知识是创造价值主要的、直接的因素”的创新观念
竞争优势观	要利用知识，找出把现有知识最大限度地转化为生产力的有效方法，让企业拥有更大的竞争优势，以便在激烈的市场竞争中取胜
知识更新观	知识的更新不仅包括创造新知识，还包括摒弃旧知识。在企业内，新知识不是由个人创造的，而是在整个企业范围内通过团队或群体产生的共享知识与专长

二、现代企业管理要注重创新

实施知识管理的目的是，加快知识创新的速度和提高知识创新的力度，形成并提升企业的核心竞争能力，保持企业旺盛的生命力。知识经济时代，要体现出知识和技术在经济增长中的作用。企业要保持竞争力，就必须拥有新知识和有创造力的员工。企业要培养一种弥漫于整个组织的学习气氛，充分发挥员工创造性思维能力，促进企业的发展。

1. 管理的活力来源于企业文化

企业文化是企业生存的基础、发展的动力、行为的准则、成功的核心，所以要重视企业文化创新。在新经济时代，企业要对原有文化注入新的活力，赋予特定内涵，使之不断丰富、完善和发展。

2. 创新是企业发展的核心力量

企业所有的竞争力都来自创新，现代企业要不断发展，就要拥有一流的创新理念。同时，企业还要有强烈的“危机意识”，以此来激发企业的技术创新。此外，企业还要重视创新机制和创新精神，定期重新构建创新的组织结构，建立学习型组织。

三、在管理创新模式中做好理念创新

企业管理创新，主要是对企业中固有的传统思想、管理模式以及经营管理、战略管理等各方面进行一定程度的创新，在创新过程中要注重员工的思想政治工作，让创新工作得以顺利展开。

在管理创新模式中，首先应该创新的就是理念。理念创新是一种创造性思维活动，是企业创新管理的灵魂和先导，那么该怎么创新理念呢？具体步骤如下：

1. 强化服务理念

服务是现代企业发展的灵魂。在市场经济条件下，营销环境发生了巨大变化，要真正树立起“以客户为中心”的服务理念，关注客户需求和体验，做实做细服务基础工作，帮助客户解决问题，迅速响应客户需求，持续提供优质服务，让服务超越客户期望，努力让服务更加贴近市场、更加贴近客户。

2. 增强创新意识

企业要树立“崇尚创新、宽容开放”的创新导向，倡导“持续改进、勇于超越”的创新精神，营造浓厚的创新氛围。按照“突出参与性、突出解决实际问题”的原则，开展管理创新课题研究、行业对标管理等群众性管理创新活动，交流企业管理经验，推动管理创新成果和管理创新经验的转化和应用。

3. 强化精细化理念

精细化管理的核心理念是精、准、细、严。精，是做好，做精，精益求精；准，是准确，准时，信息与决策准确无误；细，是操作细化，管理细化，重视细节；严，是严格执行制度、标准和程序规定，严格控制偏差。精细化管理要细分岗位职责，细化目标任务、细化制度流程，培育精益求精的企业文化；要树立“以客户为中心”的管理理念，全面细化业务流程操作规范，提高全员职业素养。

营造“鼓励创新，宽容失败”的文化氛围

一、营造鼓励创新的文化氛围

企业大佬是如何激励员工创新的？举三个例子：

案例 1：三星

三星设立了两项有关员工福利待遇的政策，除了将时限提高到 2 年的“带薪育儿假”，还推出了“自我启发休假”制度，入职 3 年以上的员工可以进行最高 1 年的语言进修或海外旅行。三星认为，虽然短期上会因此产生人力损失，但长期来看，员工进行充电后再回来，会给组织带来活力。

案例 2：谷歌

为了鼓励创新，谷歌曾允许工程师用“20% 的时间”开发自己感兴趣的项目。神秘的 Google Labs 研发了无人驾驶汽车、谷歌眼镜等各种创新产品。

案例 3：百度

为了提高员工积极性，鼓励创新，百度提出了“百度最高奖”，针对公司总监以下的、对公司产生卓越贡献的基层员工进行高达百万美元的股票奖励。不仅如此，奖励对象还都是 10 人以下的小团队，这也是迄今为止国内互联网企业中给予普通员工的最高奖励。

人工智能时代，优秀的企业领导一般都不喜欢循规蹈矩、遵章守纪的

员工；只有工作上充满激情、充满创新、充满爆发力的员工，才能成为领导心中的宠儿。那么，作为现代职场上的领导，该如何激发下属的创新力呢？具体方法有：

1. 认清目标。创新不会凭空发生，每个员工都应该知道初创公司的业务目标以及每个发展阶段应该达成的目标，如此他们就能明白哪些工作是重点、哪些领域可能受益于新鲜的创意。

2. 把创新写入员工职位描述。要将创新写入评估流程，即员工创新可获得奖励。因为，并不是每名员工都能为公司的业务模式提供建设性意见，但是却能从中反思自己的工作，为公司提供有价值的意见。

3. 树立榜样。创新需要从创始人和高层开始做起。即使最富创造力的员工，也无法凭借自己的力量来推动创新，需要有人来引领。创使人和高层要用自己的行动（不仅是口头上说说而已）告诉员工，“使创新成为你日常生活的一部分”，让员工知道你非常看重创新的价值。

4. 为员工提供奖励。初创公司一般都没有多少资金，但是依然可以用其他方式来奖励创新团队。比如，公共认可、奖金、带薪假期或者升职等，都是创新员工认可的奖励的好方式。即使员工的创新最终没有取得好的效果，领导者也应该让公众知道你非常感激员工在创新方面所做的努力。

5. 执行创意。对于创意的执行虽然都知道其重要性，可是很多创新项目往往只停留在口头上，没有执行的迹象。对员工的创意缺少行动力，企业的创意之井很快就会干涸。一定不要错过执行创意的好时机，可以挑选两到三个有潜力的员工创意，将员工的意见整合起来，然后一起对其进行修正，最终选出至少一个进行测试。

6. 认真考虑员工的创意。如果员工提出的创意没有被重视、没有认真考虑就否定，甚至嘲弄，员工的创新热情就会逐渐淡去。为了激发员工的创意，完全可以开发一个获取员工创意的系统，保证创新的想法得到展现。公司要认真听取员工的创意并给予尊重，同时确保其他员工也奉行这样的态度。

二、营造宽容失败的文化氛围

在论述科学发展规律时，钱学森说："正确的结果都是从大量错误中得来的，没有大量错误做台阶，就登不上正确结果的高峰。"这句话深刻揭示了一个道理：创新需要有包容的制度、文化和环境作保障，需要宽容失败。

很多企业不时地陷入一个悖论中：渴望招来技术专家、科学家，做出一番成绩，却没有耐心。即使高薪招来人才，干不了多久，人家就主动或被动离职了。搞科学、搞研究，充满不确定性，无法在短时间内做出成绩。如果急于求成，人才换了一波又一波，就不能实现技术的突破。

为了解决这个问题，2017 年华为是怎么做的呢？它是怎么对待科学家和技术人才的呢？用两个字概括，那就是"宽容"。任正非认为：对于科学家的话语或观点，应放在一个长时间轴去看，不能过于计较现实性意义。他说："孟德尔发现遗传基因后，见解沉寂了两百年，才被人类重新认识。"因此，华为给了科学家更多的宽容，给科学家以空间，让他们去研究、去探索。

创新，意味着对传统的突破、对惯例的改变、对条条框框的打破，否则就不是创新。从这个意义上来说，创新是要冒风险的，而只要有风险，就可能面临失败，甚至是很多的失败。无数事例证明，科学发现、发明、发展的规律，都是失败多于成功；失败，是创新道路上必定要经历的台阶。

在创新问题上，谁也不愿意失败，但谁也避免不了失败。只有宽容失败，才能激励员工脚踏实地，跌倒了再爬起，朝着目标再努力、再拼搏。如果员工一遇到失败，管理者就气急败坏、横加指责，只会让他们心灰意冷、裹足不前，甚至投机取巧不择手段。

对于企业来说，只有允许失败、宽容失败，才能在企业内部营造一种锐意创新、勇担风险的风气，才能让员工具有开放包容的心态，才能让员工摒弃浮躁、踏实创新。据报道，美国的硅谷之所以能取得成功，很重要的一点就是：在那里，失败者不仅不会受到歧视，还会得到善待，有机会重新开始。

当然，宽容失败并不是无原则地纵容失败，更不是鼓励人们随随便便失败。失败背后的创新，应该遵循客观规律，而不是不负责任，更不是盲目蛮干。

领导重视，做创新的“领头羊”

优秀的企业需要优秀的管理者，优秀的管理者是企业创新文化发展的基础。

“领头羊”，是羊群经过优胜劣汰，在竞争中脱颖而出的，具有崇高的威望，是“权”和“威”的自然合一。“领头羊”是羊群中体格最健壮、跑得最快、听力最好的，可眼观六路、耳听八方、思维最敏锐。

企业文化是公司内人与人之间的相处方式，从人文学的角度来说，文化是一种习得的行为，并不是经营获得的副产品。也就是说，企业文化不是通过管理者喊口号、说宗旨、列标准就能打造、形成的，只有所有的员工都有了代表企业文化的行为，企业文化才能真正形成。从这个角度来说，培养和强化文化的最好方式，就是领导层从实际行动层面重视企业创新文化的重要性。

如果企业领导只将企业创新文化挂在嘴上，却不身体力行地参与到企业创新文化的改造和改进中，用观望的态度，是无法改变已有的企业文化的。建立企业创新文化本身绝非易事，需要内部全体员工的行为方式、观念、态度等的改变。如果企业领导依然按照旧有的方式做事，旷日持久、没有改变，就很难说服大家改变。设想这样一幅场景：

企业领导决定把自己的企业文化变得“更以客户为中心”，但在会议日程上，并没有讨论“如何改进客户体验”“从用户体验出发”。如此，自然也就不会抽出时间实地让员工积极创新。如果企业领导认为，自己没有义务参与到企业创新文化的建立和完善中，从一开始他们就不会将创新当作首要任务。上行下效，在这样的领导观念下，下属就不可能提高创新意识。

企业领导应主动参与进来，不要走形式、不要喊口号，要时刻在内心提醒自己重视创新文化的建立，同时反映到自己的行动上来，确保自己的行为方式能为公司上下起到示范作用。

1. 理念创新

理念创新是企业各项创新的前提，企业领导要具有宽阔的眼界和胸襟，要以海纳百川的姿态，积极地学习进取；要面向全球，着眼同行，在管理理念、经营理念、生产理念等方面都有新思路、新突破、新举措，使企业的理念跟上甚至超过市场发展的脚步。

2. 产品创新

产品创新是企业各项创新的关键。企业的经营与客户的需求归根结底都是通过企业的产品和服务体现出来的，在消费者心中，产品和服务就是企业的名片，要想满足消费者日益增长的物质需求，保持企业的持续发展，就要积极打造创新文化，通过产品创新，增强产品的实效性，生产出价廉物美、品质优良的产品，赢得大众的青睐。

3. 管理创新

管理创新是企业各项创新的基础。管理创新集中表现为：知识在管理中得到广泛运用，以及管理进一步科学化、系统化。通过管理创新，企业就能重新整合人才、资本、科技等要素，使各项生产要素和生产条件得到优化，企业实力和市场竞争力进一步增强，为企业创新文化的建立奠定基础。

人才是企业发展的关键所在，要通过合理的人资管理，吸引有能力、能思想、有干劲的人才，推动企业创新文化工作的有效开展。

4. 营销创新

知识经济时代，市场营销环境已经发生了巨大变化，企业面临着诸多的挑战，许多问题需要通过营销创新来解决，因此企业领导者就要主动适应新的市场环境要求，将新的营销要素融入企业营销体系，使之具备新的功能和创造力，实现营销创新。

要想在营销方面走出新路子，企业就要坚持以顾客为中心，对企业产品、服务、品牌等进行定期定量的测评与改进，优化服务品质，使顾客满意度达到最大化，从而提高顾客忠诚度，培养顾客资源，强化企业抵御市场风险的能力，实现企业创新文化。

5. 技术创新

技术创新是企业各项创新的核心。科学技术是第一生产力，现代企业的竞争越来越依赖科学技术，强化技术创新已成为现代企业发展的新潮流。企业技术创新共包括：原始创新模式、赶超创新模式、局部创新模式、市场创新模式、标准领先创新模式等，不论哪种创新模式，都需要领导者进行合作创新的同时，提高企业的自主创新能力。

为企业建立创新文化，可以减少资金和人力消耗，获得较为先进的技术，尽早赢得市场，如此既能节约大量的时间、物力、人力和财力，又能提高企业的技术含量和技术创新能力。从长远发展来看，企业领导更应该将自主研发和自主创新当作发展的主战略，努力提高企业技术的创新水平，提高企业的核心竞争力。

员工是企业创新的主体

只有富有激情、富有创新意识的员工，才能为组织增加更多的活力，才能更好地改善工作环境，促进企业的进一步发展，让工作变得更有意义，帮助企业在激烈的市场竞争中立于不败之地。员工是企业创新的主体，对于这一点，企业领导一定要牢记。

一、做到三个“给”

1. 释放员工智慧，给员工搭建创新平台

员工都工作在最前线，尤其是一线员工，更加了解工作的具体内容和企业存在的问题，所以要给员工提供思考的空间，激发他们的工作热情和参与感，让他们有机会、有渠道来表达自己的想法。因此，要为员工搭建一个不受层级和部门阻碍的创新平台。

2. 给员工营造创新文化氛围，树立榜样

企业文化对员工的价值观有着潜移默化的影响，进而对员工的思想造成影响，管理者虽然不能像日常工作一样要求员工有什么创新的行为，但可以为他们营造一种创新的文化氛围，用创新的价值观来影响员工。

同时，管理者也可以用自己的行动来告诉员工创新的重要性，让员工知道公司非常注重创新的价值。

3. 创新奖励，给员工试错的机会

创新需要尝试，员工提出的创意并不可能全部都被采纳实施，企业要给他们提供试错的机会。如果想更好地激发员工的创新动力，不仅要给员工更多的机会去大胆表达，还可以使用合适的奖励来进行表扬和激励，比如，现金奖励、带薪假期、升职加薪、产权奖励或公开认可等，可以根据公司的具体情况来进行安排。

在日常的管理中，很多管理者都会抱怨说：员工只会上级说什么就做什么，缺乏自主创新能力。不可否认，企业的进步确实依赖于员工的创新和努力，缺乏创新能力是异常可怕的；产品没有创新力，也是令人担忧的。所以管理者要鼓励员工创新包容员工在创新中的失误。

离开了创新，企业只能被市场遗弃；不懂创新，员工也会被社会淘汰。因此，企业要努力提高员工及团队的创新能力。

二、坚持三个“让”

为了激发下属的创新力，企业要坚持三个“让”：

1. 让员工对结果负责

管理者要赋予员工自信，为员工提供平台和锻炼的机会，根据他们的特长设置职位，鼓励他们自定义自己的角色，让他们独立解决问题；同时，还要让员工承担相应的责任，对工作结果负责。

2. 让员工多质疑

无论企业的规模大小、无论企业的建纲立制多完善，在变化无穷的管理过程中，企业总会出现或多或少、这样那样的问题，管理者要引导员工、刺激员工，让他们一起来参与和完善企业的管理。

为了给企业未来的发展建立巨大的人才库，要鼓励员工大胆接受挑战、大胆对现状提出合理化建议，摒除“我就是打工的，工作就是为了赚钱”的思维模式。

3. 让员工参与决策

在日常的经营管理过程中，要引导员工从多角度进行思考，鼓励他们说出自己的看法和观点、鼓励他们在团队面前表达自己的观点。

管理者要站在长远的角度，积极听取员工的意见和建议，并把员工的意见和建议纳入到决策制定中，带领员工建立更广阔、更富有挑战性的战略规划，让员工来当家作主，让员工意识到自己是企业大家庭的一分子。

第十章
避开企业文化管理六大误区

误区一：每个企业都有企业文化

只要有人群存在的地方一定就有文化，每个企业都应该有自己的文化。但是，并不是每家企业都有企业文化，因为能否建立企业文化，需要满足很多条件，比如，企业在环境中的生存状态、企业是否具有竞争优势、产品和企业获得客户认同的程度如何、员工的凝聚力和忠诚度如何。

当然，要想做好企业文化，不仅要提前了解企业文化建设的方法、流程，还要掌握企业文化建设的工具。企业文化建设的工作内容和主要步骤如下：

第 1 步，进行三项重要调查

具体为：企业战略调查、人力资源现状调查、企业文化现状调查。三大调查板块之间的关系千丝万缕、互为前提、互相影响，必须将这三项调查结果彻底掌握。

第 2 步，企业文化战略规划

企业所做的工作是战略性的，不是事务性的，至少在企业文化建立前还不是事务性的。在公司整体战略的指导下，企业文化战略也就成了次级主战略。企业文化战略的规划，要以企业整体战略和人力资源战略为参考。

第 3 步，提炼文化核心理念

企业文化核心理念的提炼，不能一蹴而就。团结、拼搏、诚信、共赢、创新、开拓等关键词，仅仅是公司的优秀品质，而不是一种管理手段，不能作为企业文化的核心。

企业文化理念的标准有很多，比如，要符合企业传统、符合公司的未来；要突出个性，要具有独特性；要具有竞争价值。当然，企业文化理念也可以表现在多个方面，可以用多个词汇来描述，但真正统领全局的只有一个。

比如，海尔老总说："我总结海尔这么多年，就一个词：创新。"根据上述四个标准，分析一下海尔的"创新"是怎么来的、往哪里去的、能给同行业造成哪些冲击？如此，就能知道什么才是企业文化的核心理念了。

第 4 步，建立企业行为规范

企业文化的作用有什么？主要是导向和约束人们的行为。在导向性企业文化阶段，企业文化的要求要高于目前的人力资源水平，要采取一些方法来引导甚至约束。如此，就需要建立一套用来体现企业文化的行为规范，告诉大家该怎么做、不该怎么做。等大家都养成了公司希望的行为习惯，这套行为规范也就不需要了。但对于新员工来说，这却是必不可少的。

第 5 步，企业文化培训规划

到了这一步，也就到了真正的实施阶段，要把既定的企业文化以培训的方式郑重地向全体员工发布出来，这就需要做好一个培训规划，包括企业文化培训的内容、形式、阶段、考核等。企业文化培训阶段，可以对企业文化的新规划进行验证和修正，通过一段时间的施行和磨合，建立起真正成熟的企业文化体系。

第 6 步，编制企业文化手册

经过考验后，企业文化就成形了。之后，就可以着手进行企业文化的文字落实。企业文化手册编制完成以后可以上传到企业官网上，如果员工想了解具体情况，就能去企业官网上下载一份看看。

第 7 步，建立企业文化实施体系

企业文化既已成形，要花费较长一段时间去强化和固化，落实到每一个人，让每一个人都认同企业文化并自觉遵守。如此，就需要建立一套实施体系。

可见，并不是任何企业都有企业文化，只有做到上面的这些内容，才能逐渐将企业文化建立起来。

误区二：企业文化就是老板文化

很多管理者都认为，企业文化就是老板文化，总会在不经意间将老板的个人意志当成是企业文化的最高准则，特别是在民营企业，民企的文化往往就是老板的文化。

很多民企老板原本都是生意人，不一定具备建立企业文化所需的文化底蕴。经过多年的付出和努力，企业终于做大，在社会影响或专家、教授的蛊惑下，就想要将自己企业的文化总结出来，让世人知道，并发扬光大。于是，就将自己经历的一些感悟提炼出来，最后演变成他们的“企业文化”。

有的老板本无意提炼什么企业文化，但看到其他企业在宣扬这些，自己也不甘落后，也想搞点文化，想跟名企、名人一样将金钱和文化都握在手里，于是开始出诗集、文集、传记，甚至还强制性地发放给员工，强迫员工学习和领会。

……

在我们身边，持有这种认识的老板或管理者比较多，他们坚信：有什么样的老板，就有什么样的企业文化。

不可否认，创始人或领导者确实对企业文化起着决定性作用，但是这种作用主要体现在构建企业文化的过程中，体现在如何推进和倡导企业核心价值观的过程中，体现在身体力行，示范企业价值观的行为中，绝不能直接代表企业文化。

如果一家企业的企业文化是老板文化，只能说该企业还停留在初创阶段。这时候，企业所有的价值判断，对环境认识，为生存所做的努力，都要由老板一个人来承担，他的所有行为选择就是企业的行为选择，自然也就很容易造就老板文化。

但是，在企业从初创阶段向成长阶段发展的过程中，最重要的一个转变就是，管理团队需要承担责任、员工需要承担责任，公司的价值判断要通过管理团队与员工的行为选择体现……企业无法做到这一点，就只能停留在初创阶段，没有任何成长。

老板文化是创业阶段的文化，从创业阶段发展到成长阶段，需要做出改变，否则企业就无法真正成长起来。

1. 老板文化是企业文化的奠基人

企业文化一定来源于老板文化。在企业初创阶段，老板的思想与风格会影响企业的经营风格，因为这一阶段的创业者多数都是白手起家，凭借自己对某行业的了解，运用个人的经营理念与个人魅力，把一个小作坊一步步打造成一家企业，倾注了“老板”的全部精力和心血，其思想观念、经营理念和价值观都与企业合为一体。

企业初创阶段，企业文化几乎可以看作就是老板文化，因为它还只是个人的价值观，还没有成为一种员工都认同的价值体系和行为方式，企业文化的来源就是老板文化，后来的企业文化，都是由老板文化发展而来的，二者存在一定的传承与发展关系。

2. 老板是企业文化的看守者

随着企业的不断发展，企业文化会不断丰富与升级，老板的思想已经无法完全代表企业文化的全部，客户和外部竞争格局决定着企业应该遵循的价值导向。

这时，老板是担当企业价值导向的“看管者”，其责任是确保企业价值观与外部要求保持一致；而老板创业时的初始文化是公司文化的奠基，是企业文化核心重要的组成部分之一，但不能说老板文化就是企业文化，否则老板的喜好就会原封不动地赋予企业，老板个人对外界的认识也会成为企业发展的指导思想，继而成为企业发展上的瓶颈。

企业要想生存下去，就要按照外部适应与内部管理情况共同决定的价值观行事，如果老板能够顺应外部要求，当好价值观的“看管者”，就可以说老板文化和企业文化是一致的，这也是企业文化管理成功的重要条件之一。优秀企业的文化打造与创始人或领导者是分不开的，只有从“老板文化”转向“企业文化”，企业才能持续创造价值。

现实中，精神领袖型的老板也有很多，比如，宗庆后就打造出了带有极强个人色彩的强势文化。

宗庆后是“娃哈哈”的董事长，关于他的传闻有很多：他崇拜毛泽东，将其军事战略思想和治人理念都应用到了管理上，“娃哈哈”共有150多个分公司，3万名员工，至今却只设一个董事长和一个总经理，且都由他一人担任。

在杭州总部的大楼里，伫立着一尊高大的宗庆后铜像。他喜欢用“朱批”的文件下达命令，有时也会亲自撰写每个月的销售通报。公司没有副总经理、没有董事会，即使购买一辆电动铲车，也要董事长亲自批条。这就是典型的“家长制”企业文化。

误区三：公司内多数人认可的价值观就是企业文化

在企业中，如果多数员工的生活背景、际遇相同，在一些问题上，很容易出现价值判断相一致的情形。如果员工在一起工作的时间较长，世界观比较一致，也容易达成共识，这些共识虽然是多数人认可的，但并不是公司确认的价值观，就不能等同于企业文化。

如果公司内多数人认可的价值观和公司倡导的价值观相近或一致，就有利于企业文化的建立；如果公司内多数人认可的价值观与公司倡导的价值观相违背，就不利于企业文化的建立，构建企业文化的时候就需要特别注意。

同任何生命体一样，企业也有自己的生命周期，如果寿命长一些，就能成为百年老店；反之，也可能会如昙花一现……成功的企业都一样，失败的企业则各有各的不幸。

成功企业之所以能持续生存发展，一个共同特点就是信守核心价值观，并将其内化在员工的心灵深处，外化为员工的集体行为、习惯和性格，固化为规划、制度和机制，形成了企业的核心竞争力。从这个意义上来说，核心价值观是企业文化的基石，也是企业成功的文化基因。

1. 以核心价值观塑造企业的行为

企业核心价值观明确告诉员工：什么是我们应该做的，什么是不该做的……潜移默化的文化氛围、长期积累的文化底蕴、以人为本的人文关怀，能够让员工形成与企业核心价值理念相一致的集体行为。衡量企业凝聚力大小的标准是，集体行为的统一程度、运作强度、持续韧度。实践证明，成功企业的文化建设之所以能够成为推动企业发展的动力，一个重要原因就是企业文化有着广泛的群众基础，能让企业价值观深植于员工心中。

企业要不断加强企业的文化管理，在员工共同认可的实践核心价值观上下功夫，形成符合企业价值观要求的，员工共同认可的“做事方式”，营造出一种适应经济、社会发展要求的，满足客户需求的企业运行环境。

2. 以核心价值观塑造企业的性格

性格是企业集体个性的集中体现，如果企业没有统一的个性，对市场和环境便无法适应，企业就无法获得竞争优势，就不能持续生存和发展。适应性、个性是企业生命力和活力的集中表现，企业核心价值观和经营理念个性化是塑造企业性格的集中体现。

从某种意义上说，企业文化是企业家文化，有什么样的领导者，就会有什么样的企业文化，领导者的素质决定着企业文化的优劣；企业家不仅是构成企业核心竞争力的基本要素，也是培养独特企业价值观的关键。同样，作为企业的“精神领袖”，领导者自身的特质和人格魅力决定着企业的性格。比如，华为的“狼式文化”体现了任正非的独特价值观，“GE 文化”体现了韦尔奇追求“速度、简单和自信”的思想。

每家企业的企业文化都打下了企业家的思想烙印，尤其是创始人的思想和作风对于企业文化的形成更起着重要的奠基作用。同时，企业的集体性格塑造也不是一蹴而就的，而是几代企业家沤心沥血精心打造的结晶，更是团队精神的凝聚。因此，企业家既是企业文化的第一推动者，又是企业文化的播种机和传教士。

3. 以核心价值观塑造企业的习惯

亚里士多德曾经说过：“每个人都是由自己一再重复的行为所铸造的，优秀不是一种行为，而是一种习惯。”实践证明，企业也是如此，良好习惯是企业群体智慧的结晶，是一笔宝贵的精神财富、是牢不可破的无形力量，企业良好习惯的养成过程就是企业核心价值观渗透的过程。

首先，要建立、健全、完善规章制度，使员工既有看不见的价值观导向，又有看得见的制度和规范、准则。理念的生命力就在于管理支持和制度的配套，比如，在沃尔玛的成功经验中，有个著名的“10 英尺规则”，即只要客户在你周围的 10 英尺之内，就要笑脸相迎。

其次，企业习惯的形成重在持之以恒，需要通过反映企业核心价值观的案例、文化载体和宣传教育活动来潜化。比如，蒙牛重视格言管理，把企业价值观格言化，厂区墙上、树丛中、办公楼内随处可见“蒙牛”格言。

误区四：企业文化就是统一员工的思想

企业文化的展示是一个非常重要的问题。多数情况下，企业文化都是以理念或精神、宗旨的方式来表达的，也许正是因为这个缘故，人们总是认为企业文化就是一种理念或精神，构建企业文化就是要统一员工的思想。这是对企业文化的误解。建立企业文化并不是为了统一员工的思想，如果企业文化以这为目的，必然会带来僵化和死板，这并不是企业文化的本质特征。

企业文化真正统一的是员工的行为方式，因为只有统一行为才能形成凝聚力，才能真正让企业文化发挥作用，才可以发挥组织和团队的力量。同时，企业文化是统一员工的行为，鼓励思想开放、思维创新，员工在思想上可以独立判断，可以有很多创意，但在行为上必须保持一致，必须符合公司的理念和宗旨，必须体现公司的价值取向。所以，企业文化是一种统一行为，在统一行为的基础上，统一大家的意志、统一大家的行为，将企业文化的力量充分显现出来。那么，如何通过企业文化来塑造员工的行为呢?

1. 必须得到企业的认同

很多企业老板都会将“员工为本”或“客户至上”写在企业文化中，却从未想过这种文化是不是自己认同的。结果，企业的墙上写满了“员工为本”，私下里却想尽一切办法克扣员工的工资和加班费，把员工当作赚钱的机器；企业整天高喊社会责任，背地里却偷税漏税，钻法律的空子。

在这种背景下，员工就不会对企业产生信任和依赖，更不可能接受企业文化，企业也就无法期望借助文化来达到组织目标。即使有少数员工认可这种文化，但其他员工的价值观、信念也必然会与这些员工之间产生冲突，不仅会伤害员工之间的合作和对目标的共同追求，甚至还会对企业造成致命打击。

2. 树立“以人为本”的思想

企业间的竞争主要是人才竞争，是企业凝聚力的较量，是“以人为本”企业文化的竞争。

美国西南航空公司是航空领域唯一能够连续 36 年保持盈利的公司，其独有的企业文化就是“员工第一”。他们认为，员工是企业最关键的财富，企业对员工的态度会通过员工传递到客户，最终使客户满意。

日本经营之圣稻盛和夫提出的“阿米巴”经营理念，把员工放在第一位，多年来都在用实际行动履行这一理念。

企业领导者应当将企业的发展与员工的发展有机结合起来，为员工搭建一个成长的平台，让员工通过自身努力，在企业发展的同时体现自身价值，分享企业的发展成果，最终实现企业的健康经营和成长。

3. 管理者必须身体力行

企业文化对员工行为的影响是自上而下的，最高决策者往往就是企业的精神领袖，管理者的行为会被员工效仿，管理者有责任通过自己的言行去影响教导员工，因此传承、发扬企业文化也就成了各级管理者应当承担的首要职责。一个拥有杰出企业文化的企业，在各个管理层面上都会有优秀的领导者，不论是 CEO，还是工厂的班组长。因此，要想让企业文化真正对员工的行为起到塑造作用，管理者必须身体力行。

4. 让制度体现文化

一直以来，制度建设都是企业矫正员工行为的主要管理方式。在企业管理中，制度与文化一体两面，在塑造员工行为的过程中，二者缺一不可。制度是企业文化的条例化，也是实现文化管理的保障，比如，员工的行为规范、工作标准、管理守则等就是通过外部规范来约束员工行为的。

记住：成功的企业之所以能运转良好，不仅在于管理制度的有效实施，还依赖于企业文化发挥的潜移默化的作用。管理制度和企业文化相辅相成，在企业的共同成长中发挥重要作用。

5. 坚持塑造员工行为

思想支配行为，行为也会反过来促进思想的转变，二者互相渗透，但不能一蹴而就，需要持续不断地推进。

很多企业规定，晨会时必须一起朗诵公司企业文化。开始的时候，员工可能会觉得新鲜，过段时间就会觉得多余，甚至会有些抗拒，但只要坚持下去，养成习惯，就会成为一种自然。当全体员工都把它当作一个自然的行为时，就会积累成一种文化。因此，通过企业文化塑造员工行为，只有长期坚持下去，最终才能取得期望的效果。

误区五：企业文化是一套潜规则

多数时候，人们都能感受到企业文化发挥的作用，且这种作用还会以潜规则的方式体现出来，进而认为企业文化也是企业内部生存的一套潜规则。不可否认，文化就是一种规则，公司内部存在一些潜规则，约束着人们的行为和选择；这些规则并没有明文规定，但只要进入公司一段时间，人们就会依照这些规则来行事。

从这个意义上来说，企业文化确实是一套潜规则。但是，需要强调的是，企业文化首先是一套明确的、明文规定的、显性的规则；建立企业文化后，企业会通过多种途径来宣传企业文化，比如，会议、日常管理、绩效考核、教育培训、团体学习、媒介、活动等。

1. 教育培训推广

教育培训既是一种组织传播，也是一种人际传播。培训内容、培训讲师、培训质量和培训环境都会直接或间接地影响人们的思想与行为。通过企业文化培训，就能将文化理念植入企业人的骨髓，改变企业人的心智模式，促使企业人按照企业文化理念去执行任务与完成工作，形成一种良好的企业氛围。

2. 会议推广

会议的过程也是工作的过程、更是团体学习的过程，传播着企业价值观、规章制度和行为规范，更传播着对企业物质文化与精神文化的判断。而这也是企业文化向企业人渗透的过程。随着这种活动的反复开展，企业的文化理念就会逐渐渗入企业人的血液。

企业会议的种类有很多，例如，党务工作会议、行政工作会议、工会；企业工作会议、部门工作会议、车间工作会议、班组会议；室内会议、现场会议、电视电话会议、网络会议等。

3. 日常管理推广

如果企业文化与企业管理存在“两张嘴皮”，企业文化理念就无法落地，企业管理品质就无法实现提升，甚至还会让劣质的企业文化得到蔓延。只有将两者紧密结合起来，才能提升企业管理的水平与品质。

在日常管理过程中，企业文化的行为层和物质层都在进行着传播，员工或团队看到和听到这些传播就会知道：自己必须与企业要求同行。这些都是企业文化传播的过程，管理者必须运用企业价值观来指导日常工作与学习，运用制度来衡量日常工作与学习。

4. 媒介推广

媒介有一定的受众群和潜在受众群，可以分为对内传播媒介与对外传播媒介。对内传播媒介涵盖了企业的局域网、有线电视台、广播、报纸、简报、室内外看板等；对外传播媒介涵盖了地域性、全国性与国际性大众传播媒介、产品及包装设计等。一部分内容直接反映了企业文化，另一部分内容则间接体现企业文化，这些媒介都是企业文化推广的途径。

5. 活动推广

企业文化能通过企业举办的各种文化活动进行传播、渗透，这种推广途径，能间接地、潜移默化地使企业人接受企业文化的熏陶，这种宣传，最容易把意识层面（如文化理念）转化为行动层面，最终实现企业文化自觉性。

因此，除了以上各种企业文化推广途径外，企业还可以举办“先进个人与团队的评比与表彰”“技术比武”“安全演练”“岗位练兵”“拓展训练”“征文活动”“演讲比赛”“运动会”“文艺晚会”等丰富多彩的活动……

误区六：企业文化一旦建立就能一劳永逸

优秀企业总会小心翼翼地维护自己的核心价值观，这也是企业得以成功的核心关键因素之一，也让很多人认为企业文化是一劳永逸的。这种观点是错误的，因为企业文化必须与环境互动、与变化互动、跟变化的趋势站在一起，企业文化必须持续更新、保持开放并积极吸取和借鉴其他企业文化的优点。

无论是企业文化本身的自我更新，还是企业自身需要持续改善，都要求企业文化具有自我超越的特性，只有做到这一点，企业文化才能促进企业的成长，否则只会阻碍企业的发展。

为了高效地进行文化创新和变革，促进企业更好地发展，企业可以按照六个步骤开展相关工作，切实推进企业文化的优化和调整，实现企业文化与经营管理的深度融合。

步骤 1：做好环境分析

企业文化是建立在环境条件基础上的，企业文化的创新和变革，不仅需要对现有经营环境进行审视，还要在环境分析和评估的基础上创造出理想中的文化愿景，为企业文化创新和变革提供方向指引。

分析企业发展环境时，企业不仅要分析宏观经济环境、行业发展周期、价值链环节的盈利能力、商业模式和竞争焦点等，还要分析企业自身和竞争对手的市场表现、消费者或客户需求和购买行为的变化等，发现市场机遇、挖掘市场价值，明确企业未来发展方向和竞争方式。

在环境分析的基础上，企业还要提炼文化愿景，包括：明确企业核心价值、核心使命和长期发展目标。核心价值和核心使命是企业存在的原因，文化愿景是企业未来要达成的目标。文化愿景只有切实而具有激励性，才能有效激励企业的变革和进步，引领企业的发展方向。

步骤 2：具备一定的创新能力

为了促进企业的发展，不仅要分析企业目前的能力条件，还要审视企业文化状况，更要明确文化创新和变革的方向。创新能力是企业发展的重要力量来源，创新文化则是重点审视对象。在对创新文化进行审视时，企业要以“创新能力的提升”为出发点，分析企业文化与创新能力的关系，比如，企业是否重视创新、是否具有先进的创新理念、是否有创新的氛围、是否有创新的组织管理体系、创新平台、创新工作机制，是否有创新人才的引进、培养、激励机制等。

步骤 3：明确重点，抓关键

在分析企业能力的过程中，很容易发现在技术创新、质量管理、内部沟通、协同发展、品牌管理、风险管理、职责权利匹配等方面存在的不足，企业需要从多方面进行创新和变革。

企业要明确重点，抓住关键，如果创新能力较弱，企业就要以创新文化为突破口，努力打造创新文化，提升企业创新能力；同时，要以创新文化为动力，逐步解决企业内部存在的各种问题，建设优秀的企业文化，进而提升企业的市场竞争力。

步骤 4：上下级之间达成共识

企业文化的创新和变革涉及所有员工，管理者要与员工达成文化共识，明确文化创新的方向和变革重点，对企业文化创新和变革做出承诺，并积极参与，促进变革的成功。

为了应对工作能力、知识结构等方面的挑战，管理者要制定变革措施，有效解决文化创新和变革中遇到的问题，并将阻力转化为动力。一旦文化创新和变革遇到阻力，企业就要化解变革阻力，激发出更强烈的变革热情。

步骤 5：找到有力的文化杠杆

为了提高企业文化创新和变革的效率，降低文化变革的失败风险，企业要找到强有力的文化杠杆，高效地进行文化创新和变革。

企业家是企业文化的缔造者，在企业中具有的强大影响力，是文化变革的杠杆。企业文化的创新和变革，需要企业家发挥自己的引领作用。企业家不仅要高瞻远瞩地带领企业找到文化愿景，引领企业走上正确的道路，还要以自身影响力促进文化的创新和变革，激发出员工的文化自主性和主动性，促进企业文化的落地。

步骤 6：制订详细的行动计划

企业文化创新和变革工作是全面的、系统的和复杂的，为了高效地进行文化变革，企业要制订详细的行动计划，统筹协调各项变革工作。

企业文化是企业发展的重要基础，其创新和变革是企业适应外部环境、实现可持续发展的重要条件。新经济时代，企业要基于发展环境和竞争能力进行分析，找到企业文化创新的领域，有步骤地推进企业文化变革，提高企业发展能力和市场竞争力。

参考文献

1. 埃德加·沙因 . 企业文化生存与变革指南 [M]. 马红宇，唐汉瑛，译 . 浙江：浙江人民出版社，2017.

2. 马永强 . 轻松落地企业文化（白金版）[M]. 北京：北京时代华文书局有限公司，2016.

3. 叶坪鑫，何建湘，冷元红 . 企业文化建设实务 [M]. 北京：中国人民大学出版社，2014.

4. 马松有 . 老 HRD 手把手教你做企业文化 [M]. 北京：中国法制出版社，2015.

5. 王吉鹏 . 企业文化建设 [M]. 北京：中国人民大学出版社，2017.

6. 特伦斯·迪尔 . 新企业文化：重获工作场所的活力 [M]. 孙健敏，黄小勇，李振，译 . 北京：中国人民大学出版社，2015.